ニッポン神様ごはん

全国の神饌と信仰を訪ねて

吉野りり花

青弓社

ニッポン神様ごはん——全国の神饌と信仰を訪ねて◉目次

カバー・本文の写真――筆者撮影
カバー写真――上＝宗像大社の古式祭　下＝大神神社の鎮花祭
装丁・本文デザイン――山田信也［スタジオ・ポット］

はじめに

神様にもお食事の時間がある。

そう聞いたら、みなさんはどう思うだろう。神様がごはん？　いやいや神様が食事なさるなんて想像できない。そう思った方は、ぜひ一度神社でおこなわれる神事や地域の祭りに足を運んでみてほしい。そこでは神様に食べ物をお供えしている様子がきっと見られるはずだから。

神様へ献じる供物のことを神饌と呼ぶ。その多くは食べ物だが、花や甲冑などの品物を供えることもある。神饌は「食のタイムカプセル」と称されることがある。なかには古代から存在し、古代の食そのままの姿ではないものの、古代の調理法を色濃く反映して作られてきたものもあるからだ。神饌は神々に供えるもので、人間が食べるものではない。神様に失礼がないように、古くからの供え方・作り方をできるかぎり守り、受け継がれてきた。そんな古代の食を実際に目で見る機会はなかなかないだろう。

四季の恵みである旬の野菜や海の幸、山の幸。その季節にとれる最上のごちそうを集め、神様に献じる。心を込めて丁寧に作られた神饌は素朴ながらも厳かで、美しい。ひと目見れば誰もが、このような食べ物が人知れず脈々と受け継がれてきたことに驚くことだろう。

私が二〇一六年に青弓社から上梓した『日本まじない食図鑑――お守りを食べ、縁起を味わう』では、祈りや願いを込めて食べられる「食べるお守り」の数々を紹介した。この〝まじない食〟の源流になったものが神饌や仏への供物なのではないか。神仏に供えた食に超越的な力が宿ると考えたからこそ、古人がそのお下がりにご利益を見いだしたにちがいない。そこで、本書では「まじない食」からさらに一歩踏み込んで、神々に供えられる神饌そのものを取り上げたい。

二十一世紀の現代でも全国各地にはさまざまな祭りが残っている。祭りといえば、にぎやかなお囃子や神輿渡御のイメージが強いかもしれない。だが本来、祭りの中心的役割を担っていたのはほかでもない神饌だった。祭りは神事であり、神事は神様に神饌を献じる「献饌」で始まり、神饌を下げる「撤饌」で終わるからだ。

ひと口に神饌といっても、材料も供え方もさまざま。神社独自のもの、地域独自のものも伝わる。その多様性からもいろいろなことが見えてくる。神饌は土地の人々の暮らしや歴史、信仰を映し出す鏡のようなもの。ひいては日本文化を知る入り口にもなってくれるだろう。

古くからの食文化は年を追うごとにだんだんと薄れゆきつつあるが、本書では各地の神事で受け継がれる神饌を紹介し、伝統の食文化をあらためて見つめ直してみたい。先に述べたように神饌には古代の食生活の面影を残すものもある。また、神饌供物から郷土ならではの料理や菓子が生まれた例もある。どうしてその食材を使うのか、どのように準備するのか。由来を知ることで古人の暮らしが浮かび上がってくるように感じる瞬間もある。読者のみなさんにもぜひその面白さを感じてほしい。

さらに、二〇一九年は神饌が重要な役割を担った年だ。今年、新天皇の即位礼にともなっておこなわれた大嘗祭の中心となるのは、天皇が神々に新穀を供え、神々とともに召し上がるという神事だ。長きにわたって続いてきた国家最大の祭祀のなかで、神饌が大切な意味をもつのはなぜなのか。各地の神饌を知ることから、神饌に込められた祈りがどのようなものだったのかも見えてくるはずだ。

さあ、「祈りと食の民俗学」の世界をのぞいてみよう。

序章

神々の食「神饌」

神饌とは何か

日本には美しい四季があり、自然の移ろいがある。春は新芽が芽吹き、夏の田植えから稲が育ち、実りの秋を経て、冬に新しい年を迎える。われわれの祖先は自然の力を借りながら農耕・狩猟・漁業を営み、自然とともに生きてきた。だからこそ、日本人は自然界のあらゆるものに神を感じ取ってきた。「八百万の神」という言葉で表されるように。

自然は衣食住の恵みを与えてくれるありがたいものでもあり、ときには天変地異として牙をむく恐ろしいものでもある。そのため、日本人は自然への感謝と収穫への祈りを込めて、四季折々に祭りを営んできた。春は一年の豊作を祈り、夏は病よけを祈り、秋は収穫に感謝し、冬は歳神様を迎え――。祭りや年中行事も四季の移ろいとともにあり、そこでは旬の食材を中心にさまざまなものを神様に献じてきた。

神様にお供えする食べ物のことを「神饌」という。これは神様の食事、いわば「神々の食」だ。御供《ごく》、御食《みけ》・御饌《みけ》、御膳《ごぜん》とも呼ばれる。そして、あまり知られてはいないが、現代でも神社の神事や地域の祭りのなかでさまざまな神饌が受け継がれている。

私が初めて神饌のことを知ったのは、大学時代に助勤巫女として神社に奉仕していたときのことだった。神社では毎日神様に神饌を供えることになっている。基本は米、餅、酒、塩。それに野菜、果実、乾物など季節のものも加わる。祭礼のときは海魚や川魚もあった。三方（神前に物を供えるための台）に、旬の野菜やスルメなどの乾物を盛るのは神職の仕事だ。野菜類はより高く盛り、見た目にも美しく形を整える。魚は神様から見て真ん中に頭がくるように左右それぞれ置き方を変える。神様に失礼がないようにと、盛り方にも供え方にもさまざまな約束事があった。私たち巫女は、その補佐として準備を手伝った。大祭の日には神職に教わりながら境内でヒバを摘んだ。こうしてさまざまな品をそろえて調えられた神饌を神職が神前に献じると、見慣れた食べ物が特別な何かに変わったような不思議な感覚になったものだった。あれからずっと、私は神饌に心引かれてきた。

すべてを自給自足で
——神宮の日別朝夕大御饌祭

神饌のなかでも「究極の神饌」と称されるものが、伊勢の神宮の日別朝夕大御饌祭《ひごとあさゆうおおみけさい》である。天照大御神に食事を捧げるという神事で、三百六十五日朝夕二回、外宮鎮座から約千五百年間一日も欠かすことなくおこなわれてきた。伊勢神宮では神様に献上する神饌を「御物」と呼び、なんと水、塩から米、野菜、アワビ・サザエなどの魚介類、食器にいたるまでほとんどのものを神宮に奉仕する人々が自給自足で準備する。米は専用の田である神宮新田で、野菜は専用の畑である神宮御園で作り、塩も専用の塩浜で入浜式塩田方式によって作られる。神饌の調理は忌火屋殿という建物でおこない、調理に使う火には神職が火鑽具でおこした忌火を使う。また、お供えする水は外宮の上御井神社で汲む。このように御物自体が神聖なものとして取り扱われている。

火鑽具（貴船神社御火焚祭）

神様の力をいただく

——神饌と直会

『遠野物語』（聚精堂、一九一〇年）を記した民俗学の大家・柳田國男は『日本の祭』（弘文堂、一九四三年）のなかで、祭りについてこう書いている。「本来は酒食をもって神を御もてなし申す間、一同が御膳に侍坐することがマツリであった」。つまり、神様を酒や食でもてなし、そのあとに神様に供えられた酒や食をみんなでいただくことが祭りだという。

祭りの最後に参加者一同でお供えした神饌を下げたものをいただくことを直会《なおらい》という。神道では神様に供えた食べ物には特別な力「恩頼《みたまのふゆ》」が宿るとされている。恩頼とは「神様の御加護」のこと。つまり神様に供えた食べ物には神様の力が備わっているのだ。直会は人間が神様と一緒に食べ物をいただく場であり、このことを「神人共食」と呼ぶ。神様の力が宿った食べ物をみんなでいただくことで、神様とコミュニケーションを図ることができ、神様と人との結び付きが強まると考えられた。こう書くと何やら観念的で難しそうに感じるかもしれないが、実はいまでもよく目にする光景だったりする。たとえば、祭りの最後に御神酒《おみき》がふるまわれたり、餅や縁起菓子が配られたりするのも、直会に由来する。拙著『日本まじない食図鑑』で定義した「まじない食」の源流のひとつは神饌と直会にあったと思う。

それでは日常のなかではどうだろう。日々の暮らしのなかで私たちが神饌を目にすることはないと思われるかもしれない。しかし、実は身近なところにも神饌がある。たとえば正月の鏡餅もそうだ（鏡餅については第9章「八百年続く神と人の宴——宗像大社の古式祭（福岡県宗像市）」で詳しく説明する）。

一月十一日の鏡開きでは、床の間に供えた鏡餅を開き、おしるこなどにして食べる。「鏡開きの餅を食べると病気にならないから、ちゃんと食べなさい」と幼い頃におばあちゃんに言い聞かされた人もいるかもしれない。実は、これも神饌と直会のひとつ。鏡餅は歳神様を迎えるために供える神饌で、歳神様の力が宿った餅を食べることで神様の力をいただくという考え方が背景にあった。私たちは日常生活のなかで、神饌や直会を知らず知らずのうちに経験している。

神饌の始まり

では、神饌はいつから続いているのだろう。神饌の歴史をひもといてみると、平安時代中期に編纂された『延喜式』にはすでに、神社でどんな神饌が献じられているかが詳しく記されている。この頃にはもう農産物から水産物まで多種多様な品々を神饌として供えていた。古社の神饌のなかには賀茂祭（京都・賀茂別雷神社）の特殊神饌のように六世紀に始まったと伝わるものもあることから、神饌が『延喜式』以前の古代から連綿と続いているものであることがうかがえる。

時代は下り、明治時代になると「神社祭式」によって神社での祭式が規定され、神饌の品目、神社の社格に応じた神饌の内容、供え方の作法も決められた。神饌として供える品目は「和稲、荒稲、酒、餅、海魚、川魚、野鳥、水鳥、海菜、野菜、菓、塩、水等」とすると定められた。この内容は現在まで受け継がれている。

この頃までは調理をした食べ物を供える「熟饌」が神社ごとに多様に残っていた。しかしこれ以降、調理をせずに食材をそのままの形で供える「生饌」「丸物神饌」と呼ばれるものが主流になった。現在では、神社で供える神饌のほとんどが「生饌」だ。

とはいえ、古社のなかにはいまでも「神社祭式」以前からの調理法を残す「熟饌」や「特殊神饌」を伝えるところもある。特殊神饌は調理ずみなので、祭りのあとでそのまま直会ができるというメリットがあった。

二〇一九年、大嘗祭と神饌

二〇一九年は天皇の代替わりの年であり、即位礼のあとの十一月には大嘗祭がおこなわれた。大嘗祭のなかで神饌はとりわけ重要な役割を担う。

第1章「若菜パワーで鬼退治――貴船神社の若菜神事（京都府京都市）」で紹介する貴船神社の高井和大宮司に「神饌の本質とはどういうものでしょうか？」と尋ねたことがある。高井宮司は「いちばんの本質は、天皇陛下がおこなわれる新嘗祭と大嘗祭にあると思います」と答えてくださった。新嘗祭とは年に一度おこなわれる収穫感謝祭で、天皇がその年の新穀を八百万の神々に捧げ、神々と向き合ってともに食べ、一年の安寧を祈る。大嘗祭は天皇が即位して初めての新嘗祭で、一世一代の新嘗祭として大々的におこなわれ、皇位継承のなかで最も重要な儀式とされる。これは神饌を供える神事の最たるもの。神饌を供え安寧を祈るという祭祀が、長きにわたり重要な意味をもって続けられてきたということは特筆すべきことだろう。

さらに、日本全国の特殊神饌に目を向けると、特別な由来があるものも多く、食材も作り方も実にさまざま。そこからは、古代から育まれた食文化や、日本人が大切にしてきた暮らし、土地の歴史までも浮かび上がってくるようだ。次章からは各地に残る驚くべき神饌ワールドをご案内しよう。

第1章

若菜パワーで鬼退治

貴船神社の若菜神事（京都府京都市）

神気というのは自然のことなのではないか――。京都市内の北東にある貴船の地を訪れた私は、歩道のすぐ横を流れる貴船川の清流と、覆いかぶさるように迫る山肌を眺めながらそんなことを考えていた。自然の近くにいるとき、ふとした瞬間に神様を感じる。そういうことは確かにある。森の樹々を風がざわざわと鳴らすとき、湖の水面が風紋を描いて震えるとき、激しい嵐が吹き荒れるとき。自然の営みのなかに、何かしら神の思し召しがあるように思えてならない。目には見えないが、心に響く神々しい何か。そこにあるのは慈愛か、悲しみか、はたまた怒りか。こういうときに、昔の人は神を感じ、畏れたのだろう。

貴船から鞍馬にかけての一帯は平安の昔、鬼のすみかだと考えられていた。というのも、京の都から見ると鬼門にあたる丑寅の方角に位置していたからだ。たしかに、ここに鬼がいてもおかしくないとも思う。なぜなら、貴船は山間にあり、京都市内とはうってかわって、自然がすぐ近くにあるのを肌で感じる場所だからだ。貴船神社へ続く道を歩けば、風はピリリと冷たく空気は凛と澄んでいる。大きな自然に包まれるような安心感と、少しの怖さ。畏れ多いような、背筋を伸ばしたくなるような感覚を覚えた。

貴船は京都市内よりも標高が高いため、気温は低い。夏はひんやりとした涼しさを利用して川

の上の座敷で食事をいただく納涼川床が人気で、多くの人でにぎわう景勝地だ。だが、冬の冷え込みは厳しい。

　この日貴船を訪れたのは、毎年一月七日に貴船神社で執りおこなわれる若菜神事に参加するためだった。貴船のバス停から渓流沿いにしばらく歩くと、目の前に朱塗りの鳥居が現れた。境内へと連なる春日灯籠の赤がなんとも鮮やか。これだけ寒いなら、いっそ雪が降っていてくれてもよかったなと思う。だって雪の日は白い雪に灯籠の赤が映えてさぞ美しいにちがいないから。そんなことを考えながら階段を上ると、境内は遅めの初詣に訪れた参拝客でにぎわっていた。

鴨川の水源に鎮座する貴船神社は、全国的にも有名な「水の神様」。水の供給を司る高龗神《たかおかみのかみ》を祀っている。伝説によると、第十八代反正《はんぜい》天皇の時代に、玉依姫命が黄船に乗って大阪湾から淀川、鴨川をさかのぼり、現在の奥宮の地に至ったそうで、そこに水神を祀ったのが現在の貴船神社奥宮とされる。奥宮が約千年前に水害を受けたことから、現在の本宮が造られた。

山々に囲まれた静かな場所にある奥宮には、玉依姫命が乗ってきた黄船を覆い隠したとされる船形石があり、この小石を身に着ければ航海の安全を守るお守りになるとして信仰を集めてきた。一説には奥宮に祀られているのは闇龗神《くらおかみのかみ》であるとも伝わる。高龗神と闇龗神は、名前は違えども同じ神様であり、降雨・止雨を司る龍神である。

境内にある御神木の桂の木は空高く、まさしく天に昇る龍のように枝を伸ばしている。その姿を見上げ、それから境内を見回すと、あれ、なんだか若い女性が多いような。それもそのはず、ここ貴船神社は平安時代に和泉式部が夫との復縁を願って詣でたとも伝わるほどの由緒ある縁結びの聖地でもあるのだ。近年は恋愛パワースポットとして人気を集めているというから、これだけ女性が多いのもうなずける。恋愛に夢中になる年

齢をとうに過ぎてしまった私は、もはや親心の境地で目を細めてしまうのだが、ご神水の周りにはひときわたくさんの女性たちが群がり、手に手に紙を握り締めている。なんだろう？　近づいてみると、彼女たちのお目当ては水に浮かべると文字がスーッと浮き上がって運勢を教えてくれる「水占いみくじ」。水の神様を祀る神社ならではの風流な仕掛けが、彼女たちのハートをギュッとつかんでいるというわけ。なるほど、これは楽しい。ご神水の周りで頬を上気させてはしゃぐうら若き乙女たちに交じって、うら若くはない私もこっそり水占いをやってみた。願いはすでに恋愛関係ではなく、気になるのは一に健康、二に仕事運なのだが、そこはご愛敬ということで。

神饌を御内陣へ
――神様の特別な食事

一月七日に「春の七草」入りの粥を食べて一年の健康を願うという七草粥の風習は、いまでもなじみある年中行事なのではないだろうか。春の七草とは、せり・なずな・ごぎょう・はこべら・ほとけのざ・すずな・すずしろの七種。自然豊かな田舎《いなか》で育った私は小さい頃、母に連れられて裏山や野原に七草を摘みにいったものだ。あぜ道を歩けば、せりとなずなは大抵すぐに見つかる。でも七草すべて見つけるのはなかなか大変だった。間違えてオオバコを摘んでしまったり、途中で目的を忘れてオオイヌノフグリを観察してしまったりしながら探し回ったのが懐かしい。いまではスーパーマーケットに行けばパック詰めの七草が売られているし、フリーズドライの七草だってある。ともすれば現代の日常生活のなかで年中行事は忘れられがちだが、七草粥はいまでも比較的取り入れやすい。

若菜神事とは春の七草で邪気を払って五穀豊穣と無病息災を祈る神事で、一月七日の人日《じんじつ》の節句に古くからおこなわれてきた。もともとは中国の習わしに、人の吉凶を占う人日の節句に七草が入った吸い物を食べることで無病息災を願うというものがあり、これが日本に伝わって、七草を神様にお供えし、その後いただいて豊作を祈る行事として根付いた。

貴船神社では年五回、五節句神事をおこなっているが、そのひとつが若菜神事だ。三月には桃花神事、五月には菖蒲神事、七月には七夕神事、九月は菊花神事と続く。明治以降、普段の祭礼では調理をしない丸物神饌を供えるようになったが、五節句神事では特殊神饌を供えるという。神饌の内容はそれぞれ違うが、若菜神事では七草を使った若菜粥をはじめとした神饌が用意される。しかもこの五節句神事、神様にとっても特別なのだ。というのも、この日は本殿の御扉《みとびら》を開いて、神饌を御扉のなかの御内陣《ごないじん》に供えるからだ。

「通常の神事や祭りでは外陣神饌といって外陣に神饌を供えます。御内陣のなかに神饌を供えるのは、例祭と五節句だけで特別な重みがあります」

そう教えてくれたのは、神饌の調製を担当する貴船神社禰宜の三木金房さん。三木さんは神事の前日から神社に泊まり込んで、神饌作りにあたられた。

五節句神事が特別なのは神様にとってだけではない。参拝者にとってもこの日は特別だ。神事に参加し、神事のあとは本殿内で神職とともに直会として若菜粥を食べることができるからだ。

「一般の人がこうして神様と一緒に食事をいただく機会はなかなかないですよね」。そう言うと、本殿まで案内してくれた貴船神社権禰宜の高井大輔さんが「そうですね、本来の直会の形ですよね」と応えてくれた。

本来の直会を体験できる機会は非常にまれだ。ワクワクしながら神事が始まるのを待つ。

十一時、若菜神事が始まった。神職に続き、参加者もご神水で手と口を清めて本殿へ。神事が始まると、修祓《しゅばつ》のあと「オオオオ」という地響きにも似た声をあげて、斎主が御扉を開く。警蹕《けいひつ》と呼ばれるこの声を聞くと、畏れ多いようななんともいえない感覚に包まれる。やがて神官の手を介して、特殊神饌が一膳ずつ御扉のなかへ、神様のおそばである御内陣へと運ばれていく。

神事が終わると、参加者一人ひとりに若菜粥が手渡され、神職も参列者も一斉に直会をおこなう。若菜粥にはご神水に浸した春の七草が使われている。厳しい寒さのなかで芽吹いた若菜には特別な力があると考えられ、さらにそれを神前に供えることで神様の力も備わる。人間は直会としてそれをいただくことで、力を取り込む。自然と一体化したスケールの大きな営みが、静けさのなかで粛々と進んでいく。

神事のあと、神様に献供したお膳と同じものを見せてもらった。お膳に並ぶのは若菜粥、酒、水、ごはん、塩鯛、トビウオ、アジ、しいば餅、ぶと団子。ぶと団子はいうなれば昔のデザートで、結ぶように巻く形に意味があり、「むすび」とかけて縁起がいいとされる。春日大社などほかの神社の神饌にも揚げ菓子の「ぶと」と呼ばれるものがあるが、貴船神社のものは揚げておら

貴船神社

ず、形も違う。しいば餅はしいの葉にしいの実を使った餅をのせたもの。いまはしいの実が手に入りにくいので小豆を使う。

「取り立てて珍しいものがあるというわけではございませんが、白米は昔をとても貴重でしたし、魚も若狭から運んできたものでした。貴船はこのとおり山奥ですので、当時としては魚も大変なごちそうでした」と三木さんが説明してくださる。使われる品も独特だ。赤い盆は貴船神社に昔からある「丸盆」と呼ばれる祭器具で、いまではあまり残っていない珍しいものだという。食器は銀の器と銀の箸だ。銀を使うのは毒を入れると色が変わるからで、西洋でも同じような理由で銀器が使われていることが多いという。

「神饌の地域差というのも面白いんですよ。京都ではこう、品よくちょこっと盛りますけど、奈良に行くとこれでもかというくらい盛りますからね」。実際に神饌作りを担当する三木さんならではの比較に興味深く聞き入ってしまった。

特殊神饌と鬼、その意外な関係

冒頭でもふれたが、貴船や鞍馬は平安の都のなかで特異な位置づけだった。このあたりは京の御所から見ると丑寅の方角にあたる。丑寅は鬼門であり鬼が出入りする方角と考えられたため、鬼門を守る役割を担った貴船神社は丑寅の守護神として崇敬された。ところがこの鬼が、五節句の発祥に大きく関わっているという。

室町時代末期の御伽草子に伝わる『貴船の物語』には大略こんな話がある。

昔、絵合わせの扇に描かれた美しい娘に恋をした中将がいた。娘は鬼の姫だった。姫を思うあまり鬼の国まで出向いた中将は姫と恋仲になるが、これを知った鬼はなんと自分の子である姫を殺してしまう。しかし姫は叔母の子として生まれ変わり、ふたたび中将と結ばれた。そのことを知った鬼がまたもや姫を狙おうとしたため、鞍馬の毘沙門天が学者に方策を占わせた。そこで鬼がやってこないように節分には豆をまき、鰯を焼いて門口に刺し、五節句を営むようになった——。

五節句とは七草粥で知られる人日の節句（一月七日）、ひなまつりの上巳の節句（三月三日）、子どもの日の端午の節句（五月五日）、七夕の節句（七月七日）、菊の節句である重陽の節句（九月九日）の五つで、年中行事としてもよく知られるが、この五節句が実は鞍馬山に棲む鬼をやっつけるために誕生したものであり、貴船に起源があるとする物語なのだ。

この話にはたくさんの定本が残っているが、いくつもある本を読み合わせて編纂しながら『貴船の物語』の現代語訳を試みたのがほかでもない、貴船神社宮司の高井和大さんだ。仮名本の現代語訳だから大変な苦労だったにちがいない。私も大学時代、日本文学の講義で変体仮名を読む授業を経験したことがあるのだが、これがとにかく難解で……。一文字に一つの漢字があてられて、しかも崩し字なので読み解くにもひと苦労。一文読むのにどれだけ時間がかかったことか。ああでもないこうでもないと頭を抱え、やはり間違って教授に怒られしょげた記憶がよみがえる。そんな大変な作業ながらもなぜ現代語訳を試みたのか、宮司に尋ねてみた。

「昔は大衆に親しまれただろう物語をこのまま埋もれさせてしまうのはもったいないという思いがありましたし、広く知ってもらいたかったからです。原典にもいろいろな本がありましてね、現代語訳にあたっては大変苦労しましたが……。この物語上は五節句の起源は貴船神社にあるとされています。だから貴船神社で五節句を祝うのは大変意義のあることなんです」と教えてくれた。

『貴船の物語』には五節句の神饌についてこんな記述がある。

〔三月三日の：引用者注〕桃の花は鬼の目に似ていることから鬼の眼を飲むということで、酒に桃の花を入れて飲む。草餅は鬼の肉の代わりとしてこれを食う。ちまきは、鬼の髻《もとどり》としてこれを食う。（略）菊の花は鬼の眉毛として酒に入れてこれも飲む。正月に門松、歯朶《しだ》、譲葉を門口にかけるのは、門松は鬼の墓標、歯朶はあばら骨、譲葉は鬼の舌。

このように五節句をはじめると（略）〔鬼は：引用者注〕鬼国より出て来ることはなくなった。（現代語訳：貴船神社・宮司高井和大さん）

桃の花は鬼の目、菊の花は鬼の眉毛。酒に入れて飲んでしまえ。草餅は鬼の肉、ちまきは鬼の

チョンマゲ、食べてしまえ。なんと、五節句の特殊神饌には鬼を調伏するためのまじないが込められていたのだ。

旬の食材から力をいただく

——五節句から学ぶ食の基本

「節句」は本来「節供」と書く。「節供」とは神様へのお供え物という意味だ。神様へのお供え物を「神人共食」することで神様の力＝恩頼《みたまのふゆ》をいただく。若菜神事に見られるのは祭りの本来の形といっていいだろう。

高井宮司は「節句とはいわば生活の句読点のような役目を果たすものです」と語る。生活の節目に、節句を祝うことで邪気を払い、「気」すなわち生命のエネルギーをよみがえらせるという信仰なのだ。さらに節供《せっく》は節食《せっく》であり、その時期の最も気が満ちた食べ物をいただくことでもあるのだそうだ。

食べ物だけではない。桃花神事や菊花神事では神饌として花を供えるが、これを「御景物」という。禰宜の三木さんによると、これこそまさに「気」をいただく例だという。

「花にはその季節の神様が宿ると考えられてきました。御景物には花に宿った「気」を神様に捧げ、ご神気を高めていただくという願いが込められています」

そのために、桃花神事では御景物として桃の花とコブシの花、菖蒲神事では葉菖蒲と蓬を合わせたもの、菊花神事では菊の花に真綿をかぶせた「菊の被綿」を御景物箱に入れ、神様に献じるのだ。神様の食は食べ物だけではなかった。花に宿る〝気〟もまた、神様に捧げるごちそうだった。

『貴船の物語』には七草についても「まず正月は、七日の日、七草をとって三方に奉る」と記される。せり、なずな、ごぎょう、はこべら、ほとけのざ、すずな、すずしろ。寒い季節に山々に芽吹いた若菜には強い力がある。そう考えたからこそ、若菜で邪気を払い、食すことで「気」を取り入れた。

「五節句神事の神饌のなかでいちばん変わっているのが菖蒲神事の檜皮粽《ひわだちまき》と菰粽《こもちまき》です。これは食べ物というよりも魔よけのお供えだと思いますね。菰、檜皮、桜の葉っぱ、野いばらを使います。また陰陽道の考え方から必ず奇数になるように作ります」

七草に始まり、檜皮、菰、桜、野いばらまでたくさんの植物が神饌に使われるが、草木に魔よけの力を見いだしたのだろうか。神饌作りもやはり自然と密な関係にあった。

七草のように手に入りやすくなったものもある一方で、神饌の材料には年々入手が困難になっているものもある。菰粽に使う菰などは、いまやなかなか手に入らずに苦労するのだそうだ。

「神饌は祭りの中心。どこの神社でもそうだと思いますが、祭儀のなかでも神饌作りのことを最も詳しく記しているものです。神饌を作ることは祭りの中枢にいくようなこと。だからこそ、神饌の調理法を伝えることが途切れないように若い人につなげていくことも大切なことやと思いますよ」。最後に三木さんはこう話してくれた。

帰り際、「貴船って自然が本当に近くて、神様がいらっしゃるような感覚になりますね」と私が言うと、宮司が応じた。

「いまは便利な世の中になって人々の第六感が薄れてしまいましたけれども、昔の人は神様を感じる力が強かったんでしょう。自然イコール神々であり、神々と一緒に生活を送ってきたのが神道です。とくに貴船神社のもともとの鎮座地である奥宮に行けば、なぜそこに神様をお祀りしたかということがよくわかりますよ。それだけの雰囲気がある特別な場所ですから。貴船では神様に包まれている、抱かれているように感じるとおっしゃる方も多いです」

そう聞いた私は、神事のあとに創建の地である奥宮まで歩いてみた。木造の社の前に立つと、なんだか圧倒されるような気持ちになる。本殿の下には龍穴があるのだそうだ。私には霊感の類いはないが、むきだしの自然が迫る地に立つと、やはり人間の第六感みたいな感覚がよみがえってくるのかもしれないとも思う。

ここ奥宮にはもう一つの顔がある。「丑の年の丑の月の丑の日の丑の刻」に貴船明神が貴船山に降臨したと伝わることから、丑の刻にお参りすると願いがかなうという言い伝えがあるのだ。つまりここは丑の刻参りの地であり、能『鉄輪』の舞台ともなった場所だ。鬼になりたいと願い丑の刻参りをする女と陰陽師・安倍晴明が登場する怪しい世界、その舞台になったのもここ奥宮だった。ちょっと背筋が寒くなるような話だが、それも納得できるような厳かな雰囲気がやはりある。昼間は木漏れ日が差し込むこの場所も、夜になれば重たい闇に包まれるはずだ。圧倒的な闇が、人々にこの地に宿る力を信じさせたのだろうか。

貴船は古くから「氣生根《きふね》」とも記された。文字どおり、気が生まれる場所という意味だ。若菜神事でおこなわれているのは「気が生まれる場所で、その季節に最も気が満ちた旬の食材から力をいただく」という営み。力というと曖昧だが、わかりやすい言葉で置き換えれば、それはその季節に体が必要としているエネルギーであり、栄養素でもあるのだろう。

古来、洋の東西を問わず、神話は自然の営みを説明するために作られてきた。『貴船の物語』や五節句神事は「旬の食材から力をいただく」という自然に寄り添った食のあり方を教えてくれるものでもあるのかもしれない。

若菜神事

開催日時：1月7日、11時斎行
開催場所：貴船神社
住所：601-1112 京都市左京区鞍馬貴船町180
電話番号：075-741-2016

第2章

村人みんなで神饌作り

老杉神社のエトエト（滋賀県草津市）

日本各地に古くから伝わる祭りには、変わった名前のものがたくさんある。たとえば長崎・五島列島のヘトマト、埼玉・秩父のジャランポン、沖縄のウンジャミ……。どれもいったいなんのことかと首をかしげてしまいそうだが、由来はわかっていたりいなかったりだ。同じように、ここで紹介する滋賀県草津市の「エトエト」も聞いただけではどんな祭りかわからない。「エトや、エトや、エトエトや」とかけ声をかけながら、人々が神饌を担いで神社まで行列するこの祭り、はて「エト」とは何を意味するのだろう。

滋賀県は琵琶湖をぐるっと囲むような形をしていることから別名「湖国」と呼ばれる。その湖国で一月から三月にかけての春先に、各地でおこなわれる独特の行事が「オコナイ」で、漢字で書くと「行」となる。五穀豊穣と村の安全を願って神々に感謝を捧げるための祭りだ。祭りの成り立ちは複雑で、豊穣予祝祭と祖霊祭と仏教行事が交じり合って成立したものではないかといわれ、地域それぞれに特色がある。草津市にある老杉神社は素戔嗚尊、稲田姫命、八王子命を祀る神社だが、ここで毎年二月十五日におこなわれる「エトエト」もオコナイのひとつ。特徴はなんといっても多種多様な珍しい神饌が供えられることだ。しかも八つの村が交替で八年に一度神饌作りを担当し、受け継がれているという。

底冷えというにふさわしい寒さの二月十三日、私は草津に向かっていた。翌十四日の早朝に老杉神社で神饌作りを見学するためだ。東海道新幹線の京都までのルートは乗る機会も多いし、せっかくだから米原から琵琶湖のへりをぐるっと回って草津を目指そうか。そう考えたのは大正解だった。窓の外に琵琶湖が広がったとき、私は思わず「おーっ！」と声をあげて立ち上がってしまった。初めて見る琵琶湖は大きく、広く、水面がキラキラと輝いてさながら海のようだ。さすが日本一大きな湖、スケールが違う。

エトエトの準備は何日もかけておこなうという。十日から十一日に道具そろえと蛇縄作り、十三日から十四日は古式神饌の調製、十五日が祭り本番。神饌も村人総出で一つずつ手作りされる。準備はすでに始まっているが、明日十四日の朝三時からは神饌作りの要である「御供搗き」がおこなわれるというから、私はそこから見学することにした。

とはいえ、実は少しだけ不安があった。なぜかというと、仕事柄取材でいろいろなところに行くのには慣れているものの、夜中といってもいいような時間に知らない土地の神社に一人で向かうなんてシチュエーションはさすがにこれまでなかったからだ。どんなところなんだろう。誰もいなかったら？、山のなかだったら？、真っ暗だったら？――想像すると不安がむくむく膨らんでくる。それに「エトエト」ってそもそもどういう意味だろう？　いまだ謎ばかりの明日がとにかく待ち遠しかった。

エライエライの大合唱
――神饌作りは重労働

翌早朝四時にタクシーで老杉神社に向かった。神社に着くとあたりはまだ闇に包まれているが、境内からはドンドンと音が聞こえてくる。音がするほうに歩いていくと、作業小屋では御供搗きが始まっていた。すでに四十人近くが集まっている。御供とは、もち米と小豆をきびの汁で蒸し上げて搗いた餅を稲藁で包んだものだ。作業小屋には男衆が集まり、力を合わせて餅つき中。四角い臼のなかには蒸した材料が入っていて、木製はんこのお化けみたいな変わった形をした杵で搗いていく。臼には二本の竹が渡され、両端を男性が二人がかりで押さえている。ドンドンという音はこの杵の音だった。

「心込めてな！」とかけ声がかかると、御供搗きをしていた男性が「エライわ、もうあかん、助けて〜」と苦笑いで音を上げる。すかさず「御供搗きはな、愚痴いうたらあかんの。スマイルスマイル！」と返される。重そうな杵を持ち上げてドスンと落とす作業は見るからに重労働。体力的には相当きついだろうに、意外にも場内は冗談が飛び交う和やかな雰囲気だ。あっけにとられて眺めている

と、ピチャッと何かが顔に飛んできた。杵から飛び散った米粒だ。見回すと、村の方々も顔や服に米粒をくっつけている。なんでも、御供を搗くときに飛び散った米粒は縁起がいいからつけたままにしておくのだそうだ。縁起物なら私もしきたりにならってくっつけておこう。

何回も搗き手が交替し、ようやく餅が搗き上がった。形を整えてから稲藁の上に置き、次の餅を搗き始める。さらに長い時間をかけて餅が搗き上がる。稲藁に二つの餅が並んだら包んででき あがり。やっと御供が二つ完成した。ホッとした私は次の瞬間耳を疑った。「まだまだや。あと七個！」。え!?、この作業をあと七回続けるの？　気がつけば見学を始めてから早くも二時間が経過し、暗かった空はいつのまにか白み、そろそろ夜が明けそうだ。七、八人で交替しながら御供搗きをする男性陣はもう十巡くらいはしただろうか。それなのに、まだまだ折り返し地点にも届かない。想像をはるかに超える重労働に恐れ入る私のそばに村の人がやってきて声をかけてくれた。

「どこから来たん？」

そして、御供用の蒸し米で作ったおにぎりをポンッと手渡してくれた。取材のために見学にきましたと挨拶すると、「取材ですか？　ほな、オトナの家には行った？」と尋ねられた。「オトナの家」？　当然「大人の家」ではあるまいな。「エトエト」に続き、また不思議な言葉に遭遇してしまった。エトエトワールドは謎だらけだ。

オトナのことを説明するには、まず宮座についてふれる必要があるだろう。老杉神社がある滋賀県草津市下笠地区には現在八百戸近くの家があり、それぞれ殿村、細男村、王村、獅子村、鉾村、天王村、十禅師村、今村の八村に分けられる。ここでいう村は市町村のことではなく、中世に決められた宮座と呼ばれる神社祭祀組織のことを指す。いまも毎年交替で祭祀を務める頭屋制をとっていて、下笠地区では八つの村が交替でエトエト祭りの当番を務めることになっている。

今年（二〇一八年）の当番は天王村だ。各村の最年長者を「本老長《ほんおとな》」と呼び、次を「脇老長《わきおとな》」、その次の四人を「のぞき」と呼ぶ。「オトナの家」とは「老長の家」のことだった。

祭りのための神饌作りも本老長を中心に作業が進められる。御供搗きを担当するのは男性と決まっているが、女性たちは女性たちで米を蒸したり湯を沸かしたり忙しく立ち回っている。文字どおり「村人総出」の神饌作りだ。

朝七時頃になると「じゃ、そろそろ仕事行くから」とパラパラと人が抜け始めた。平日だから現役世代はいまからお勤めだ。ということは会社に出勤する前に、朝三時からこの大変な作業に参加していたのか、と感心する。自分だったら仕事前にあれだけの重労働をこなせる自信は全くない。正直なところ、私などは仕事の合間に子どもの学校行事やＰＴＡに呼び出されるのだってしぶしぶなので、頭が下がる。でも、これだけ多くの人が手間をかけなければ神饌は作れないのだ。想像をはるかに超える大変な作業に驚きながら見学を続けること約六時間、結局すべての御供ができあがるのに十時過ぎまでかかった。

御供作りの次は銀葉作りだ。銀葉は古代の菓子でいわば神様のデザートといえるもの。米粉にホンダワラ属の海藻

銀葉草と黒胡麻を入れて、耳たぶくらいの硬さに練ったものを蒸し上げ、平らにのばし、昔から使われている木製の定規を当てて切る。厚みや大きさが少しでも違ったらやり直し。老杉神社の山元義清宮司が銀葉作りに取り組む一人ひとりを見回りながら、作り方を細かく指導する。

規定の大きさに切った銀葉は、三角形を二つ重ねた六芒星のような形になるよう一枚一枚重ねて積み上げ、なかに大根をみじん切りにしたものを入れていく。銀葉が乾かないようにするためだ。銀葉作りは女の人の仕事だから、数人の女性が黙々と取り組む。

銀葉作りの横では、男性がめすし作りにとりかかった。めすしは琵琶湖のなれずしの原型ではないかといわれているもので、酒粕をボール状に丸め、指を突っ込んで穴をあけ、そこに湖魚を差していく。昔は生きたボテジャコをそのまま突き刺していたが、いまはボテジャコが手に入りにくくなったため、琵琶湖の魚ならなんでもいいことになった。興味深く眺めていると、いままさに魚を酒粕ボールに突き刺そうとしていた方がこちらを向いて「なんでこんなことするんやろねぇ」といたずらっぽく笑った。丸めて、指で穴をあけて、魚を突き刺す。古代の食はこんなふうに作られていたのかと驚く。それにしても面白い。

どうしてこういう作り方をするのか山元宮司に尋ねてみた。宮司の話によると、生きた状態で魚を突き刺し、魚をふらふらに酔っ払わせてから窒息死させるのは、神様に少しでも新鮮なものを召し上がっていただくための工夫だそう。冷蔵庫がない時代から続いているしきたりだから、常温でより新鮮な魚を用意するには直前まで生かしておくのが最良の方法だったのだろう。

次に登場したのはスズメ。昔はそこいらの田畑でとってきて使ったものだが、現在では冷凍スズメを使う。スズメに触るのはさすがにハードルが高いとみえ、みなさんは「うわぁ、かわいそうや」と、及び腰で遠巻きに眺めている。それを見た山元宮司が何人かを指名し、作業開始。スズメは足を赤や青の色紙で縛られ、あっという間に神様への捧げ物として整えられた。海の魚はカマスやタイを色紙でゆわえる。こうして御供、銀葉、スズメ、海魚ができあがったら、前日までに完成している分も含め本老長の家に運び、祭り用のお膳に組み上げる。

それにしても特殊な神饌だ。古代の料理の形を残しているのだろうが、色にも形にもなんらかのまじないが込められているように思えてくる。見入っていると、「この神饌はな、宮司さんのお父さんが出征するときに記録を残しはって、昔のまんまのやり方で作ってるの。だから大変なんよ。若い人なんか祭りがエライからって引っ越す人もおるから」と村の人がこっそり教えてくれた。

エトや、エトや、エトエトや

――神饌を担いで行列がいく

そして祭りの日。「明日は五時集合ね」と聞いてふたたびタクシーで早朝の神社に向かった私は、車を降りて愕然とした。誰もいない!? 真っ暗な神社におそるおそる足を踏み入れてみたが、作業小屋の灯りさえついていない。集合時間が変更になったのだろうか。来る前に想像していたとおり、知らない町で真っ暗な神社にたった一人というシチュエーションがまさか現実になるとは。神社の周りには民家がポツポツと、あとは田んぼが広がるばかり。静けさと暗闇が広がっている。どうしよう。このまま待つしかないか。おろおろしながら待っていると、遠くから人の声が聞こえてきた。神社から数百メートル離れた一の鳥居のほうに車が集まってきたらしい。ホッ。さてさて神事だ。声がするほうへ駆けだした。

鳥居前には軽トラックで運ばれてきた神饌のお膳が並んでいる。御供が九つ、お膳もそれぞれ九つずつ。お膳には男女二対の人形と、村人が詠んだ歌が添えられている。

朝六時、鳥居の前でどんど焼きに火が入った。明け方のほの暗い空に電線が焼けてしまうのではないかと思えるくらい高く大きな炎が上がる。それを合図に神饌を運ぶ行列が動き始めた。「エトや、エト

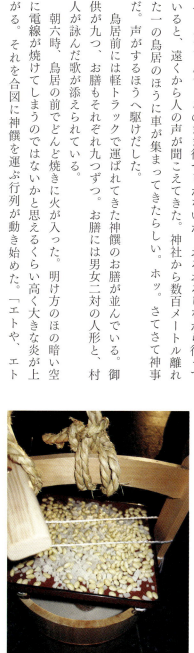

や、エトエトや」のかけ声が参道に響き渡る。神社に入ると、神饌は境内にずらりと並べられた。朝の光に照らされた境内で、原色使いの神饌が鮮やかに映える。やがて神事が始まった。村人が本殿と境内の末社に神饌を供えていく。本殿に一つ、八つの村の守り神となる末社に一つずつ。なるほど、それで九つ必要だったのか。

　供えられた神饌をじっくり眺めてみた。お膳は「初の膳」「弐の膳」「別の膳」と全部で三つあり、

初の膳には鯛、黄幟荒布、魳《カマス》、波須切大根、めずし、青人形束牛蒡、青海苔、赤幟束大根、箸かくし飯。弐の膳には銀葉、魳、雀、波須切大根、めずし、白幟束大根、赤人形束牛蒡、青幟荒布。別の膳には青幟荒布、白幟束大根、御供。人形には男と女があり、女のほうは口紅をさしてある。どこか愛嬌がある顔立ちがほほ笑ましい。幟には村の方々が思い思いに詠んだ歌が並ぶ。

神事が終わると神饌が撤下され、村の人々によって手渡しで拝殿に運ばれる。「細男村」「はい細男村」と言いながら手渡しで膳が運ばれる様子はまるで伝言ゲームみたいだ。何もかもが人の手によって、何もかもがアナログであるのがエトエトの魅力なんだなぁ。日頃、効率ばかりを求めて手間がかかることや時間がかかることを排除してしまいがちな都会暮らしの私には、このアナログ感がむしろ新鮮でさえある。

このあと、拝殿に各村の代表が集まり直会が始まった。行列で「のぞき」が運んだ桶にはあられ切りした大根と大豆と塩、それに酒粕を水で溶いたものが入っている。昔はどぶろくを使ったので、直会の乾杯もどぶろくでおこなったものだが、製造が禁止されたいまは清酒での乾杯に変わった。その後、撤下された神饌が各村に配

られ、本老長が村に持ち帰って各戸に配る。神饌は各家で調理され、青人形・赤人形は家の門口に差して魔よけにするという。直会のあと、シュロの皮と餅藁で綯った蛇縄《じゃなわ》が鳥居に掛けられ、祭りが終わった。

今日も朝五時から始まってもうすでにお昼前、二日間という長い時間をここで過ごしたなぁ。そう考えながら鳥居の前でまだ少しくすぶるどんど焼きの火にあたっていたら、村の方が焼き芋をくださった。

「お芋食べて。神さんの火で焼いた芋やから」

ホクホクの焼き芋をほおばり、空を見上げる。そういえば、いま何時なのか気にするのをすっかり忘れていた。日頃、私はいつも時計ばかり気にしている。長い針の位置を分単位で確認している。小学生の息子からは「おかあさんは時計に縛られすぎなんじゃないの？」と言われて苦笑するくらいだ。本当は私だって時間に追われるのは得意ではないが、時計に縛られないと日々の膨大なタスクを完璧にはこなせない。けれど、忙《せわ》しない日々の時の流れに飲み込まれ、心をすり減らしている自分に違和感を覚えているからこそ、私はここに来ているのだろう。本当はこうありたいと思う価値観を、ふたたび見つけるために自分を奮い立たせているような気さえする。だからいま、時計のことなんかすっかり忘れて、熾火《おきび》がくすぶる様子をぼんやり眺めながら「あー、焼き芋おいしいな」とポカンと過ごしている自分に気づいて、ホッとした。忙しいという漢字は心を亡くすと書くけれど、言い得て妙だ。大丈夫、私の心はまだ残っている。そう考えると、こののんびりした時間の流れがとても愛おしい。

下笠地区では三月に神の依り代となる御地盤つき、四月にはお馬神様を決め、五月には例祭。頭屋行事はこれからもゆっくりゆっくり季節とともに巡っていく。

祭りを終えて緊張が解けた境内では、みんながおしゃべりに花を咲かせている。縁側では今年八十六歳になるという宇野時光さんがひなたぼっこをしていた。

「私はね、エトエトをもう六回も経験してますわ。八年に一度を六回だから四十八年。ほぼ五十年やな。ここらでは子どもが生まれたらお宮参りや七五三も老杉神社でやるし、祭事も全部村人みんなでやる。だから村人の結び付きが強いんや。八十六まで生きたらいろんなことがあるけど、今日まで家族が安全でいられるのも祭りのおかげやしな。これで八年後も元気やな。でもなぁ。昔はみんな家にいたからいつでも行事に参加できたが、いまは勤めに出る人が多いから、参加するのは定年した人ばっかりや。行列も昔は本老長の家から出発したが、うるさいというクレームがきてからは一の鳥居から行列するように変えたんや。伝統というのは時代に合わせて少しずつ改革していかんと守れんなぁ」

エトエトに五十年近く関わった宇野さんの言葉から、従来のやり方で続けていくことの難しさが伝わってきた。

伝統や文化は人の手がなければ守れない

神饌作りを通して村の方々の作業を見守り作り方を指導していたのが老杉神社宮司の山元義清さんだ。先代宮司が『老杉神社行事録』を書き残したのは戦時中に出征が決まったときだった。もし帰ってくることができなかったら、長年続いた神事が廃れてしまう。危機感を覚え、神饌の材料や寸法、作り方にいたるまで詳細に記した記録を作っ

た。小さい頃から御父上について神饌作りを見て育った山元宮司は、いまでもほぼこの記録のまの形を守っている。だが生活がすっかり様変わりしてしまったいま、昔と同じ形で伝統を残す意味はどこにあるのだろうか。

「伝統を受け継ぐことは本当に大変です。社会が変われば考え方も変わる。だからいまの暮らしに合わせて変えた部分もあります。たとえば御供搗きは以前本老長の家でやっていましたが、床がぬけたり大きな音がしたりするため、いまの住宅事情では個人宅でおこなうことが難しくなってきました。そのため、みんなで相談して費用を出し合い、神饌作りに使う作業小屋を建てました。

そのように変えた部分もありますが、神饌作りに関しては、ほぼ昔のままの形を守り続けています。エトエトの神饌は「神社祭式」に定められた「和稲、荒稲、酒、餅、海魚、川魚、野鳥、水鳥、海菜、野菜、菓、塩、水等」の基本におおよそのっとっているんですよ。海魚がカマスやタイ、川魚のかわりに湖魚のボテジャコ、野鳥がスズメといった具合ですね。作り方については「作りやすく変えたらどうですか」と言われることもあります。でも、作り方を変えたらそこで伝統が変わってしまいますよね。いまエトエトの神饌作りを受け継いでいるのは私だけです。ならば私が伝える役目をするから、村のみなさんに伝統を受け継ぐお手伝いをしてほしいと考えています。文化を生きた形で伝えていくのは人です。文化とは、人の手がないと守れないものですから。

神饌というのは神様にお供えするものです。だからよりキレイに美しく、すばらしいものを供えるようにします。そういう感覚をみんなにわかってもらえるように伝えるのが私の役割です。祭りのすべては私にもわかりませんが、わかっているところはしっかりと意味を伝えていきたい。たとえばエトエトがおこなわれるのは二月十五日ですが、二月十七日は全国の神社で大祭といわれる祈年祭がおこなわれる日です。ここでの「年」という言葉は五穀をさします。神社での祭りを終えてから種まきや田畑の耕作に入ったことから、この時期は重要だったのです。こういうふうに行事の意味を伝えていくのも私の役目です」

伝統を守るために、変えていかなければならないことと、変えずに守っていかなければならないことがある。いずれにしても、それを担えるのは人の手しかないのだ。そして、いまでも昔とほぼ変わらない形で神饌作りや祭りがそのまま受け継がれているのは、宮司の思いと宮座の結束があったからにほかならない。

ずっと気になっていた「エトエト」の言葉の意味についても聞いてみた。

「エトエトが何を意味するのか、実際のところわからないんです。ただ先代がふと「エトは恵年と違うかな」と言ったのを聞いたことがあります。このあたりは農村ですから、農作業は人々の生活の基盤になるものです。だからこそ五穀に恵まれる一年であるようにと願ったオコナイ行事だったのではないでしょうか」

そう聞いて、神様へのお膳に添えられた村人の歌が頭をよぎった。

「幸あれと　皆で道行く　エトエトだ」
「幸せをみんなで願うエトエトや」
「エイヤーと　エトエト祝い　人集う」

歌に並ぶのは家族や村の人々の幸せを願う言葉たち。五穀に恵まれることは人々の幸せの基盤でもあった。みんなの心のなかにある素朴な祈りは、これからも絆を支え伝統を守る原動力になるにちがいない。

エトエト

開催日時：2月15日、11時
開催場所：老杉神社
住所：525-0029 滋賀県草津市下笠町1194
電話番号：077-568-0136

第3章

里芋の神饌を担いで氏神様へ

茂名の里芋祭り（千葉県館山市）

太陽がさんさんとふりそそぐ土地の人はラテン気質になるというのは私の誠に勝手な説である。私が育った鹿児島県南部も太陽がまばゆい南国だった。ブーゲンビリアが咲き誇り、道路の中央分離帯にはシュロの木が風にそよぐ。人々はよく笑う。毎日太陽がうららかに照っていれば、小さいことなんか気にならなくなるもの。きっと太陽は人々を明るくするんだ。天照大御神が天の岩屋戸に籠ったとき、世の中からは光が消え常夜の冬になり、災いが蔓延したというではないか。このときだって、神々はさぞやふさぎ込んだにちがいない。

そんな仮説をあたためていた私が「太陽の光、明るい性格を作る説」に確信を強めたのは、友人と房総にドライブに出かけたときのことだった。鹿児島と同じく温暖で太陽がよく照る館山方面に向かって南下するにつれて、道路沿いの看板のテンションがなんだかおかしい。躍る文字はジョークのオンパレード、陽気な看板がウケを狙って攻めてくる。おかげで始終笑いっぱなしで、道中ずっとハイテンション。房総のラテン系のノリが強く印象づけられた旅になったのだった。

それから十数年が過ぎ、あのときの愉快な気持ちをふいに思い出したのは、里芋祭りがおこなわれる館山市茂名の区長である石井伸さんに初めて電話したときだった。「取材？　じゃあ俺迎えにいこか?」と申し出てくれた石井さんの口調は底抜けに明るい。「じゃあ着いたらお電話しますすね。お待たせするのも悪いですし」と私が言うと、石井さんは「いや、それはどうでもいいよ~」とカラッと笑ってくれた。その笑い声を聞いて、こちらまで気分は快晴。がぜん、館山行きが楽しみになった。

茂名は館山市にある戸数二十七戸の小さな集落だ。海に面した館山では珍しく内陸部にある茂名は、山の斜面を利用した畑作を生業《なりわい》の中心とし、麦や里芋を作ってきた。集落の姿は江戸時代からほとんど変わらず、いまも昔ながらの伝統行事を多数受け継いでいる面白い土地でもある。

その茂名を代表する祭りが毎年二月十九日から二十一日まで三日間かけておこなわれる「里芋祭り」。国の重要無形民俗文化財にも指定された神事で、茂名芋と呼ばれる大きな里芋を積み上げて神饌を作り、氏神様である十二所神社に奉納する。国常立命《くにとこたちのみこと》を祀る十二所神社は山の神を祀るとする言い伝えもあり、母乳の出が悪かったために母神が十二人の子どもを里芋と甘酒で育てたという伝説も残る。そのため里芋祭りでは神社に里芋を奉納し、祭りに来た人には甘酒をふるまう。お下がりの里芋は各家に配り、持ち帰って縁起物としていただくのだが、この里芋を食べると風邪をひかないとか子宝に恵まれると伝わる。

日本の儀礼食は米を中心に考えられてきたが、芋や木の実を使うものも珍しくない。正月に餅を食べない地域では餅のかわりに里芋を使うこともあるし、芋名月といって仲秋の名月に里芋を供える風習もあった。さて、茂名では里芋がどのような形で神様に供えられるのだろうか。

珍しい親芋が大活躍
——石井さんだらけの神饌作り

十九日の夕方、私は約束どおり駅まで迎えにきてくれた石井区長の車に乗り込み、当番宅である石井勇一さんの家まで連れていってもらった。当番とは、今年の祭りの中心を担う家のこと。家並び順に一年ごとの輪番制で回ってくるので、二十七年に一度の大役になる。「ごめんください」とおじゃますると、なかにはすでに男性たちが集まっていた。女性の姿は見えない。「神饌作りは女人禁制だからね」と聞かされて慌てた。女性は座敷に入ることも禁止されているという。思わず「私、ここにいてもいいでしょうか？」と尋ねてしまったが、神饌に触らなければ問題ないということで特別に見学させてもらうことにした。

今年の当番は石井シヅ子さん。といっても神饌作りに参加できるのは男性だけなので、今日は他県に住む長男の石井勇一さんが祭りのために帰省した。「この祭りのために帰ってくる人も多いのよ」と区長さんが教えてくれる。床の間には十二所神社の掛け軸を祀った神棚があ

り、その前に巨大な里芋が用意されている。数百個はあるだろうか。

「これが茂名芋。ここらの特産でアカメ芋とも呼びます。初めて見たでしょ?」とおっしゃるのは今年八十四歳になる長老格の石井義知さんだ。あれ?、区長も石井さん。当番も石井さん。長老も石井さん。みーんな石井さんじゃないか。「あの……みなさん石井さんとおっしゃるんですか?」と尋ねると、「だって茂名の人は八割が石井なの。だからこの辺はいまでも屋号で呼び合うのよ。苗字だけじゃ誰が誰だかわからないからね。ここのうちは喜右エ門だね」と区長さんが朗らかな笑顔を返してくれた。江戸時代のようなレトロ感だ。喜右エ門さんちに今晩集まっているのは、当番の親戚筋と前年の当番にあたる「ツミバンナカマ」のみなさん。これからみんなで里芋の神饌を作るのだ。

午後六時になると「さあ、始めようか」と誰からともなく声がかかった。まずはお神酒で乾杯し、お清めをすませてから神饌作りにとりかかる。

それにしても大きな里芋だ。直径は二十センチ弱あるだろうか。丸くてゴロッとした形は、スーパーでよく見るひと口大の里芋とはまるで別物だが、おなじみの里芋とは品種が違うのだろうか。

「これは親芋ですよ。親芋ってわかります?」と教えてくれたのはツミバンナカマのなかでは若手の六十代、小谷さんだ。「種芋ってことですか?」と聞くと、「いえ、種芋と親芋はまた別で

す。親芋を埋めると周りにポコポコ小さな子芋がつくんですよ。私たちが普段食べている里芋は子芋です。赤い芽を出すので、赤目大吉とも呼びます。その芽がね、かわいいんですよ」

祭りで使う里芋はツミバンナカマで用意する。ここにあるのは、前の年に栽培し、秋に収穫したものを穴に埋めて保存し、掘り出してふかしたものだ。親芋を使うのは身がしまっていて硬いため、積みやすいからだという。

さあ、まずは里芋を固定するための萩の枝の皮むきから。使われる萩は赤萩といって、昔は周辺でとってきたものだが、いまは市内の城山公園から譲り受ける。

「これは私見ですが……里芋祭りの里芋を食べると病気をしないというのは萩の枝に秘密があるんじゃないかな。里芋についた萩の樹液が薬の役目をするんじゃないかと思うんですよ」と教えてくれたのは長老の石井さんだ。

「もしも萩の薬効に気づいていたとしたら昔の人はエライよな」

なるほど、樹液がついた里芋に薬効があるという推察は面白い。長老の石井さんは茂名いちばんの物知りだ。昔ながらのやり方を大事にしているので、メンバー各人の作業も横から厳しく指導する。皮むきを終えたら、床に風呂敷を敷き、メシツギと呼ばれる丸い盆のようなものを置いて里芋を一つずつ積んでいく。積んだ里芋には萩の枝を刺して固定し、九十個から百個ほどの里芋を使って形を作っていく。丸くてゴロゴロした里芋を積み上げるのはかなり難しいにちがいない。

「いい形にね」とかけ声がかかった。いい形とはどんな形だろう。そんな私の疑問が伝わったのか、小谷さんが「こう、中央が膨らむように作るの。ふっくらとグラマラスにね。これが難しいんですよ」と言う。

一時間ほどして一対の里芋神饌ができあがった。卵形というか埴輪形というか、中央が膨らん

だふくよかな形だ。言われてみれば、グラマラスにも見えるかな。西洋画の裸婦像をも思わせる
この形は、蓬萊山をかたどったとか男女を表すとか諸説があるらしい。
てっぺんに梅の花をあしらった里芋の造り物が神棚の前に供えられた。ほかにも伸し餅、鏡

餅、真っ赤な金目鯛といった神饌が運ばれてくる。お供え物がそろった神前はなんとも豪華、金目鯛の赤が鮮やかに映える。できあがった神饌の前で記念写真を撮ったあとは、みなさんお待ちかねの宴が始まる。

「実際のところ、当番になるとお金もかかるのよ。祭りの準備や飲み会のお膳の準備も全部当番宅が費用をもつからね」と区長さんに聞いて驚いた。大人数が集まる飲み会だから一回だけでも相当の額だろうが、祭りはこの一回だけではないのだ。たくさんの伝統行事が残る茂名では、正月のしめ縄作りに始まり、二月は節分と里芋祭り、三月は山の神祭り、ほかにもヒマチ、オビシャ、オコモリ……と一年を通じて祭りが続く。これをすべて当番が負担するというから費用もかなりのものだろう。里芋祭りは国指定の無形重要民俗文化財になっているが、だからといって国からの財政支援があるわけでもない。少なくない負担を輪番で受け持ちながら、いまもたくさんの祭りが継承されているのは、祭りをベースにして培ってきた長年の絆があってこそなのだろう。

里芋を担いで鎮守の神様へ

――春を彩る里芋行列

翌日はいよいよ祭り本番、里芋の造り物を十二所神社に奉納する日だ。朝、当番宅に行くと、昨日はラフな格好だったみなさんも正装で集まっている。政治家や館山市の方など来賓もおみえだ。家の前から里芋を

担いだ行列が歩きだした。約三十キロもある里芋を担いで、行列が十二所神社に向かって歩いていく。うららかな陽気のなか、水仙がたおやかに咲く道を天秤棒で里芋を担いだ行列がいく様子は、大名行列か何かを見ているようだ。

茂名の近くにはかつて要害道と呼ばれた山越えの古道があった。江戸時代に里見氏の所領だった頃には漁村から運ばれてきた魚を館山城まで運ぶのが茂名の人たちの役目だったという。

「天秤棒で重い荷物を担ぎながら山越えするのは、きっといやな役目だったと思いますよ」と教えてくれたのは小谷さんだが、里芋を天秤棒で担ぐ様子もこの荷役とどことなく似ているように思える。祭りの発祥と荷役も何か関わりがあるのだろうか。

城への物資さながらに重い里芋を担いだ一行は神社への急な階段を上り、神前へ。十二所神社のなかも女人禁制なので、私は区の女性たちと一緒に少し離れたところから神事を見守った。しばらくして神饌の奉納がつつがなく終わった。

すでにふれたように、神饌作りや十二所神社内部は女人禁制と決まっている。だから女性は祭りそのもの

十二所神社
納

には参加できないが、祭りのあいだ女性たちが休んでいるのかというとそうではない。女性は裏方担当として台所に集まり、里芋をふかしたり来客の接待をしたりと忙しい。こうして忙しく働いた女性たちのために二十一日は女性たちだけの直会もある。いわば慰労会だ。

区民館に戻ると直会の準備が進んでいた。私も台所にいたおかあさんから甘酒をいただく。母神が甘酒で子どもを育てたという伝説にちなんだ甘酒は、ぽかぽか陽気のなか小一時間歩いた体に染みていく。勧められるままにお代わりもいただき、ほっとする味わいに和んでいると、「お芋も持って帰りますか？この芋を食べると風邪をひかないっていいますから」と袋いっぱいの里芋まで持たせてもらった。

「ふかしてあるから、塩をつけて軽く焼くとうまいよ。味噌汁に入れてもいい。細かく切って甘辛く煮つけたのも俺は好きだねぇ」と区長さん。家に帰ったら、早速試してみよう。神様の芋で無病息災を願って。

みんな出ていっちゃう
――限界集落と祭りの未来

温かく迎えてくれた茂名のみなさんに別れを告げて駅へ送っ

てもらう道すがら、区長さんといろいろな話をした。遠くに暮らす息子さんのこと。奥さんはすでに他界して一人暮らしであること。区長の仕事が結構忙しく、日々動き回っていること。茂名はみんないい人ばかりだからなかなか楽しいよ、ということ。

「でも茂名では世帯が年々減ってるのよ。ここらは仕事があまりないから、みんな出ていっちゃう。とくに子どもが少なくて、いまは中学生が一人いるだけ。その子も卒業したらほかの地区の高校に行き、その後は都市部に働きに出ていなくなってしまう。この祭りもあと何年もつだろうか。十年後続けられているかどうかわからないよね。里芋祭りは里芋も作らなきゃいけないから、新しく越してきた人が参加できる祭りではないしねぇ」

そうか……。伝統を受け継ぐことが大事だとはわかっていても、その役目は誰でもいいわけではないのだ。持ち回りの当番、金銭の負担、里芋作りの農作業を分担してこその祭り。昔から地区内の助け合いで受け継がれてきた役割を考えると、よそ者が簡単に参加できるような内容ではない。里芋栽培は力仕事だし、農地も必要。水が多いと腐ってしまう作物なので長雨は大敵、水分管理も大変なのだそうだ。それなら地区の子どもたちが集落に残ってくれるようになればいいのだが、それが難しいことは区長も地区の方々も重々承知だろう。

区長さんの話を聞きながら、私も地元のことを思い出していた。十八歳になると若者は進学か就職かのいずれかの理由で地元を離れてしまうので、残るのはお年寄りばかり。鹿児島県の山あいにある私のふるさとも、全く同じような理由で限界集落と化している。もうすぐ六十五歳になる私の母でさえ地元では若いほうなのだから。かくいう私も十八歳で地元を離れたクチだが、戻れるかと聞かれると二の足を踏んでしまう。フリーランスで働く私などは「いまはインターネットがあるから、田舎でもなんとかなるでしょう？」と思われそうだが、インターネットで大抵のやりとりができるようになったいまでも、近場の都市にしばしば出かけられるアクセス至便な場所でないとリモートワークは回らない。打ち合わせや取材でどこかに出向くときにかかる交通費や時間を考えると、やはり現実的ではないからだ。「近場の田舎」ならいざ知らず、本当に不便な田舎には生活を紡いでいけない厳しさがある。自分が田舎を離れた人間であるだけに、若者が地域に残ることが難しいこともよくわかる。伝統を受け継ぐ難しさにはこういう理由もあるのだ。神饌作りのときにツミバンナカマの小谷さんが話してくれた言葉が頭をよぎった。

「里芋は子孫繁栄の縁起物なのに、茂名からは人がいなくなっちゃうんだよね。いまの茂名は超過疎地」

地元と茂名と。この地を離れた若者と、かつての自分と。重ねれば重ねるほどに胸が痛い。

区長さんと別れてから館山駅に立つと、駅前の花壇には東京よりもひと足早い菜の花が咲いている。鮮やかな黄色の花びらにひらひらとチョウが舞う。さっきまで一緒にいた茂名のみなさんの顔が浮かぶ。遠くにいる息子さんらを思いながら一人で暮らす区長さん、何杯も甘酒をよそってくれたおばあちゃん、きびきびと神饌作りの指示をしていた長老の石井さん、いろんなことを教えてくれた小谷さん。みんなの温かさと優しさと。里芋祭りはこうした土地の方一人ひとりの手で守られてきたんだなぁ。十年後にもし里芋祭りが途絶えていたとしたら、私はきっと茂名のみなさんと過ごしたこの二日間のことを思い出すのだろう。そう思うとじわりと涙が浮かんできた。この日、貴重な祭りをこの目で見られたことを忘れずにいよう。

まだ春も浅いというのに、館山にはまばゆいばかりの陽光がふりそそいでいる。茂名のみなさんの温かさが太陽の光のおかげだとしたら、さんさんとふりそそぐ太陽の光にも感謝したい。願わくば十年後も二十年後もあの朗らかな笑顔がこの地にありますように。

茂名の里芋祭り

開催日時：2月20日
開催場所：十二所神社
住所：294-0222 千葉県館山市茂名238
電話番号：0470-22-3698（館山市教育委員会　生涯学習課）

第4章

古代の薬「薬草」で疫神を鎮める

大神神社の鎮花祭（奈良県桜井市）

「ここが平城宮跡です。ほら、あそこに樹が並んでるでしょ、あれは柱の跡。向こうに見える丘のようなものは古墳ですよ。上から見ると前方後円墳の形になっています」

近鉄大和西大寺駅からタクシーに乗り込むと、親切な運転手さんが周辺の歴史ガイドを買って出てくれた。道路脇に広がるのは七一〇年に平城京が造られた跡地。いまは当時の姿が復元され、立派な朱雀門が立つ。近くにはこんもりと樹が生い茂る古墳があり、そのすぐ横には幼稚園が。すごいなぁ。日常のすぐそばに、当たり前の顔をして貴重な歴史遺構が溶け込んでいる。これが約千三百年も続く古都の底力なのか。

二〇一八年四月、三輪の大神《おおみわ》神社でおこなわれる鎮花祭を見るために奈良を訪れた私は、ちょっと寄り道しようと思い立った。奈良でどうしても食べたいものがある。それは小学校の頃に歴史の参考書で見た古代のチーズ「蘇」だ。実は、小さい頃からずっと「蘇」に憧れていたのだ。奈良市内にある奈良パークホテルで、天平時代の宮廷貴族が食した料理を再現した古代料理が食べられると知ったのはつい最近のことだった。なんでも、平城宮跡から出土した木簡や土器を手がかりに古代のごちそうを研究し、何年もかけて再現したものだとか。もちろん「蘇」も含まれている。これはもう行くしかない。食べてみなくちゃ。学校の廊下で〝聖徳太子も食べた？　古代のチーズ〃と書かれたポスターを眺めて、つばを飲み込んだ小学生の私へ。あの日の夢をいまこそかなえにいくからね。

古代のチーズ「蘇」
――奈良の古代料理を味わう

奈良パークホテルでタクシーを降りた私は、ホテル内のレストランに向かった。古代料理は宿泊客向けに供されるものだが、ランチの時間帯には夜メニューを簡略化したお膳をレストランで食べることができる。というわけで、「天平の抄」と名づけられた古代料理ランチを注文した。運ばれてきた古代料理膳には全十種の再現料理が並ぶ。これが天平人の食べたものなのか。早速味わってみよう。憧れの「蘇」は牛乳を数時間煮詰めて作ったもの。見た目はまるで「アレッポの石鹸」みたいだが、どんな味がするのだろう。ドキドキしながらほおばると食感はモソモソ、でもほんのりチーズの香りがする。口のなかにはちゃんと乳製品のコクを感じる風味が残るから不思議だ。「楚割《すわやり》」は古代の干物で、鮭と鮫が使われている。拍子木のような形が珍しいが、味は現代の干物と変わらない。中国で皇帝に献上されたという貴重なもち米・黒米はお粥で。黒くどろっとした粥はほんのり甘い味付けでなぜかブルーベリージャムに

も似た香りがする。七世紀以降に遣唐使が中国からもたらした「唐菓子」は粉をこねて胡麻油で揚げたものだが、これももっちりとした揚げ菓子として再現してある。『今昔物語』にも記され、そうめんのルーツではないかとされる「麦縄」、『土佐日記』にも登場し草木の蔓の形をした「糫餅《まがりもち》」、それによく神饌にも用いられる「餢飳《ぶと》」もある。どの料理もとてもヘルシーだ。

憧れの「蘇」と古代料理を味わって満足した私は、ふと神饌と古代料理の関係について考えた。現存する唐菓子はほぼ神饌としてだけ残っているらしい。一部に唐菓子が市販の菓子として商品化されたものもあるが、「まがり」や「ぶと」は春日大社や賀茂御祖神社、賀茂別雷神社をはじめとした古社に、古代の調理法がそのまま残されている。

これはとても貴重なことなのではないだろうか。神饌は「古いやり方を変えない」ことに意義があるだけに、古儀がそのまま残っている。神饌はいわば古代料理の博物館のようなものなのかもしれない。

そういえば、これから訪れる三輪はそうめん発祥の地としても知られる土地だ。麦縄と同じくそうめんの起源になったとされる索餅《さくべい》も唐菓子の一種に数えられる。わくわくしながら、私は三輪を目指した。

神宿る三輪山を御神体とする日本最古の神社

大神神社を訪れるのは実に二十年ぶりだ。二十年前、私は伊勢・熊野・高野山から山の辺の道をぐるっと回る旅をしていた。大神神社はまさにこの山の辺の道上にあり、日本最古の神社と伝わる。駅に降り立つと駅舎は新しくなっているものの、街の雰囲気はほとんど変わらない。自由気ままな旅人だったあの日の私は、三輪駅のホームで電車待ちをしながらポケーッと空を見上げて座っていたんだっけ。

三輪は雨だった。しとしと雨に濡れ、三輪山のなだらかな山稜がやわらかく煙る。三輪山は大神神社の御神体とされる〝神宿る山〟。いまも禁足地となっているが、許可があれば入山することもできるらしい。

その夜の宿はJR三輪駅から徒歩五分ほどのところにある町家ゲストハウス三輪。築九十年の古民家を改装した宿だ。「ごめんください」と引き戸を開けると、にっこり笑顔のおかみさんに出迎えられ、「さぁさぁどうぞ」と通された。坪庭が見えるリビングにはすでに宿泊者が全員集まっている。さすがはゲストハウス、まずは今日のメンバー同士で挨拶するところから交流が始まるらしい。自己紹介をしてお茶を飲みながらおしゃべりしているうちに、お互い自然とうちとけていく。ここではリビングで自由に雑談を楽しみ、お風呂も順番に、食事はみんな集まって食べるという流儀だから、この日限りの大きな家族といったところか。夕食後は「ゆんたく」の時間。集まってわいわいと語り合うという。こういう感じ、懐かしいなぁ。私はユースホステルを拠点に旅していた頃のことを懐かしく思い出していた。

私が一人旅を始めたのは学生時代のことだ。当時、お金はなくても暇はもてあますほどあった。だからバイト代を貯めて長期休みのたびに旅に出た。そんな私の旅がリュック一つ担いで国内のユースホステルを泊まり歩くバックパッカースタイルになったのは当然のなりゆきだろう。ユースで出会った人と夜中まで飲んだり、気が合えば一緒に旅をしたりもした。明日はどこに行こうか。地元の人に聞いたけど、ここから少し行ったところに神秘の湖があるらしいよ。じゃあもう一日ここに滞在しようか。そんなふうに、自由気ままに旅していた。古い映画を例に出すけれど、『幸福の黄色いハンカチ』（監督：山田洋次、一九七七年）の桃井かおりも真っ青の赤面エピソードもあったっけ。駅のベンチで菓子パンをかじるような貧乏旅行だったのに、あの頃の旅はとてつもなく豊かだった。

　そんな回想をしていると、おかみさんに「隣の居酒屋でちょっと飲みませんか？」と誘われた。宿主自らちょっと飲み屋に外出……というのもなんとも型破りでいい。愉快な気分で焼き鳥屋にお供し、店内の方々を交えて楽しくおしゃべりしながら飲んでいると、地元の方に尋ねられた。

「明日は三輪さんにお参り？」

「はい、鎮花祭に」

「そりゃ楽しみやね。三輪さんは特別な神さんやからな」

そう言って、その方はうれしそうに笑う。大神神社のことを親しみを込めて「三輪さん」と呼ぶのがこのあたりの習わしらしい。「特別な神さん」と聞くと、翌日の鎮花祭が一層楽しみになってくる。さあ、宿に帰って明日の祭りに備えて眠ろう。特別な神様にご挨拶するために。

　登り梁がある部屋に戻り、布団にもぐり込む。部屋に入るとふんわりと木の香りが漂った。防音にすぐれた鉄筋コンクリートの建物と違って、古民家では隣の部屋にも階下にも人の気配が感じられる。でもかえってそのことで落ち着く自分がいる。窓の外からはしとしと雨音が聞こえる。出張でビジネスホテルに泊まるときは大抵寝付けずに苦労する私だが、この日はいつになくぐっすりと眠れた。木のぬくもり、雨だれの音、人の気配。そういうものに包まれて。

春の花びらを依り代に

——疫神を鎮める鎮花祭

その昔、春になり花びらが舞い散る季節になると、花びらに乗って疫神が飛来し、疫病をはやらせると信じられた。四月十八日に大神神社・狭井《さい》神社の両社で執りおこなわれる鎮花祭《はなしずめのまつり》は、その花を鎮めるための祭りだ。

「のどかなる　春のまつりの花しづめ　風をさまれとなほ祈るらし」（二条良基、『新後拾遺和歌集』）

これは鎮花祭のことを詠んだ歌だというが、なんと美しい情景だろう。目を閉じれば、はらはらと花びらが風に舞うなか、一心に祈る人々の姿がありありと浮かぶようだ。美しいものが古びていくはかなさ、終わりに向かう哀しみ。今も昔も花が散りゆくさまは人の心をざわつかせるが、昔の人は舞い散る花びらに危うさをも見いだしたのだろうか。

鎮花祭がいつからおこなわれていたのか、その起源は定かではない。『古事記』『日本書紀』によると崇神天皇の頃に全国で疫病がはやり、大物主大神のお告げで子孫である大田田根子に祭りをおこなわせたところ、疫病が鎮まったと伝わる。七〇一年の大宝律令の「神祇令」にはすでに「大神・狭井の二つの祭也。春の花飛散する時に在て、疫神《やくじん》分散して癘《れい》を行う。其の鎮圧の為に必ず、此の祭有、故に鎮花と曰ふ」と国家的な行事としておこなわれていたことが記されていることから、千三百年前にはすでに鎮花祭がおこなわれていたことがわかる。時をさかのぼると平安時代の延喜式には鎮花祭のお供えとして黄蘗《キハダ》や茜《あかね》、鹿角《ろっかく》など三十二種類もの品があったことも記される。現在、各地の神社で鎮花祭がおこなわれているが、これは大神神社から広まったものだ。

くすり道

鎮花祭では薬草であるスイカズラとユリネを特殊神饌として献上する。すべての神饌には桃の花を添えるが、これは桃が不老長寿の果実であり、邪気を払う力をもつと信じられたからだろう。山岳修行の地でもあった三輪では九世紀にはすでに三輪産の霊薬があったそうだが、鎮花祭も古代の薬である薬草を献じることから別名「薬まつり」とも呼ばれ、当日はたくさんの製薬・医療関係者が参列することでも知られる。

祭りの当日がやってきた。昨日に続き、この日もしとしと降りの雨だ。大神神社の鳥居をくぐると、雨に濡れそぼった樹々は一層緑濃く、こんな色が見られるなら雨も悪くないと思う。広大な境内にはたくさんの摂社末社が点在するので、神事が始まる前に少し歩いてみた。

大神神社が特別な理由は日本最古の神社のひとつに数えられることもあるだろうし、一般的な神社にある本殿がないことも挙げられるだろう。なぜなら大神神社では、神社を麓に抱く三輪山そのものが御神体とされているからだ。そのため大神神社では三輪山と拝殿とを区切る場所に三ツ鳥居が立ち、拝殿から三輪山を拝む。山などの自然物を御神体とすることを神奈備というが、古代の人は大きな木や石や山をはじめとした自然界の万物に神様が宿ると考えた。こうした原始の神祭りの形がここにはいまも残されている。

三輪山が神の山として神聖視された起源は『記』『紀』神話にまで

さかのぼるという。『古事記』『日本書紀』には大国主神《おおくにぬしのかみ》が自らの魂を大物主神として三輪山に鎮めたと記され、以来、大物主神は国造りの神、農工商業をはじめとする人間生活全般の守護神として信仰されてきた。

儀式殿の横から狭井神社方面に延びる「くすり道」を歩いてみた。道の両脇には薬業関係者から奉納されたたくさんの薬木と薬草が植えられている。ナンテン、トチュウ、カリン、トウキ、キハダ、クチナシ……。これらの植物が古代には病を治す薬だったのだ。その先には磐座《いわくら》を神座として祀る磐座神社があり、磐座の向こうにはおだやかな樹々が。霧雨にしっとりと濡れた緑を眺めていると心が静かに凪いでいく。山の麓に何柱もの神様が祀られ、小さな宇宙が広がっているような、不思議な場所だ。

散策したあとは拝殿に戻り、神事が始まるのを待った。拝殿前には製薬会社から献上された薬がずらりと並ぶ。三百近い製薬会社から献上された薬は約百種類、約二千三百点もあり、神事のあとに福祉施設に配られ役立てられる。

午前十時三十分、神事が始まった。警蹕とともに御扉が開き、神職によって神饌が神前に運ばれる。神饌は洗米、瓶子《へいし》一対、鏡餅一重、鮮鯛、昆布と海苔、スイカズラ、ユリネ、野菜、果物、水、塩の計十一台。やはり特徴的なのは薬草のスイ

カズラとユリネを献上することだ。スイカズラは抗菌作用や解熱作用があり漢方薬として利用され、ユリネは不眠症や精神疲労などの神経症をやわらげたり咳止めとしても使われてきた。古来、薬草は文字どおり、病を鎮める薬として使われてきたのだ。それから祝詞奏上、巫女神楽「奇魂の舞」、玉串奉奠《ほうてん》と神事が続いた。

拝殿での神事が終わると神職らはくすり道を通って参進し、御祭神の荒魂を祀る狭井神社へ。かつては花鎮社《けちんしゃ》と呼ばれた狭井神社でふたたび鎮花祭をおこなうためだ。もともと鎮花祭は狭井神社のほうで主におこなわれていて、神饌の数も狭井神社のほうが多かったのだという。真っ白な斎服に身を包んだ神職たちが、緑に包まれた参道を厳かに進む様子はなんとも清らか。私にはその光景が、「はなしずめ」という言葉がもつ静謐な響きにも通じるように思えてならなかった。

目に見える形で、神様への気持ちを表現する

神事のあと、ご神饌のスイカズラとユリネを見せてもらった。空をつかむように蔓を伸ばすスイカズラと、地中にしっかりと根を張ったユリネ。スイカズラは境内で採取したもの、ユ

リネは奉納されたものだ。スイカズラは白と薄黄色の花を咲かせジャスミンに似た芳香を放つ植物で、冬場を耐え忍ぶことから「忍冬」とも呼ばれる。秋から冬にかけて葉がついたままの茎を取って乾燥させたものが生薬になる。ユリネはユリの根っこの部分だ。桃の花に浄化され、いずれもますます

生命力がみなぎっているようだ。

狭井神社のかたわらには万病に効くというご神水が湧き出る薬井戸があり、たくさんの参列者が水を汲んで帰っていたので、私もいただいた。神事が終わる頃には雨が上がり、少し汗ばむ陽気になっていたから、なおさらご神水が渇いたのどに染み渡る。それにすがすがしい境内。心が水のように透明に澄んでいくような感覚になる。

そんな私に「お山の麓ですから、外とは空気が違いますよね」と話してくれたのは大神神社権禰宜の後藤照史さんだ。千三百年前からの伝統を受け継ぐ思いはどのようなものなのだろうか。

「当社では神事に使う神饌の材料をできるかぎり神社内で用意します。米は境内の神饌田で育て収穫したものを使い、酒も神饌田の米から作ります。鎮花祭のスイカズラはもともと三輪山に自生していたもので、いまも境内で採取しています。ユリネは縁故の宇陀市大神区から奉納されたササユリの根です。このように可能なかぎり境内や神社のなかで用意できたものを神様に召し上がっていただけるようにと努めています。

神饌というのは言うなれば〝神様への気持ちの表れ〟であり、〝目に見える形で神様への気持ちを表現する方法〟です。人間同士でも気持ちを形に表すのは難しいものですが、相手が神様ならなおのことでしょう。だからこそ、できるかぎりのことをするのが大事だと思います。

伝統を守るということは古式・古儀にのっとるということです。とくに古儀をそのまま伝える神饌は祭りにはなくてはならないもの。これが途絶えてしまうと、祭り自体が変わってしまうこともありえます。鎮花祭で使われる

スイカズラやユリネは自然のものですが、近年ではよく探さないとなかなか見つからないということが増えています。祭りを受け継ぐうえで、自然のものはいつでもあるものではないという危機感をもっていなければならないと思いますね」

　神社ゆかりのササユリは五月中旬から下旬にかけて境内に咲き始め、六月中旬には見頃を迎える。奈良市内にある率川《いさがわ》神社の三枝祭《さいくさのまつり》の日には、市内までササユリが運ばれ特殊神饌として献上され、ゆり祭りとも呼ばれる。ササユリが咲き誇る神苑はどれほど美しいことだろう。ササユリが咲く頃、もう一度来てみたい。

　なお鎮花祭の日には忍冬《スイカズラ》と狭井神社の水で作ったこの日限定の忍冬酒や、ヒカゲノカズラが添えられた鎮花御幣（疫病除御幣）も授与される。忍冬酒はリウマチなどの神経症の病や疲労回復にも効くのだとか。いけるクチの人は自分のための薬という名目でぜひとも忍冬酒も買って帰られたし。

祭神の子孫が創始した三輪のそうめん

　大神神社にいた数時間ですっかり心洗われた気分だ。体の内側から力がふつふつと湧いてくるような感覚で大神神社を後にし、旅の締めくくりに大神神社ゆかりの三輪素麺を食べて帰ることにした。鳥居周辺にはそうめん処がたくさんある。そのうちの一軒に入り、冷やしそうめんをいただいた。そうめんは熟成や乾燥の仕方で味が変わるとは聞いていたが、ガラス容器に美しく盛り付けられた手延べそうめんは、食べ慣れたそうめんとはひと味もふた味も違うようだ。細くしなやかで、のどごしのよさがたまらない。空気のおいしさも相まって、清らかできれいな味に感じられた。

実はこの三輪素麺の起源も大神神社と深い関わりがあるという。その昔、大神神社の御祭神である大物主神の子孫・大神穀主（狭井穀主《さいのたねぬし》朝臣《あそん》）が啓示を受け、三輪産の小麦と塩水を練って細長く伸ばし、縄のように綯い合わせた索餅を作った。これがそうめんのルーツになったといわれる。この言い伝えから、そうめん作りに関わる人々は大物主神と大神穀主をそうめん作りの神様として信仰してきた。つまり大神神社の御祭神はそうめんの神様でもあるのだ。

唐菓子の一種として知られる索餅は、ここに来る前に食べた古代料理のなかにもあった麦縄と同じものという説もある。麦縄の形は郷土菓子の「よりより」や中国菓子の麻花兒《マファール》に似ているといえばなるほどと思う人もいるのではないだろうか。

いまでもそうめんは七夕の縁起食とされるが、それは平安時代の「延喜式」に索餅が宮中の七夕行事には欠かせない食べ物だったことが記されているからだ。しかし、その後に索餅がどのようにしてそうめんに変わっていったのかは解明されていない。一説によると、鎌倉時代に禅宗と一緒に索麺が再伝来し、これがそうめんと呼ばれるようになったのではないかと考えられているそうだ。索餅と索麺、索餅と麦縄、索餅とそうめん。これらの関係性も諸説あるのが現在のところだ。

索餅とそうめんのあいだにどんな関係があったのか、長い時間のなかで何がどう変化してきたのかはいまの私たちにはわからない。同じように私たちが普段口にする食べ物がいまの形になるまでには、長い変化の歴史があったのだろう。そのとてつもない時間の流れに、ぼんやりと思いを馳せた。そうめんの神様おわします、ここ三輪の地で。

鎮花祭（薬まつり）

開催日時：4月18日、10時半

開催場所：大神神社　本社、狭井神社

住所：633-8538 奈良県桜井市三輪1422

電話番号：0744-42-6633

第5章

春告げウドと鹿肉を肴に どぶろくで乾杯

御座石神社のどぶろく祭り（長野県茅野市）

春を告げる食材といえば、みなさんは何を思い浮かべるだろう。私は断然、山菜だ。たとえば、まだ寒いけれど少しだけ春の足音が聞こえ始めた頃、ニョキッと頭を出す「ふきのとう」。タラの枝からポッと芽を出す「タラの芽」。春は苦みを味わうというけれど、ふきのとうやタラの芽は天ぷらにすればほのかな苦みとほんのりとした甘みが混然一体となってたまらないおいしさで、これを食べないと春がきた気がしないくらいだ。

地元の鹿児島では、タラの芽が出る頃になると山菜好きの母が「そろそろかな?」とそわそわし始める。毎日散歩がてらに裏山に行き、タラの芽が食べ頃になるまで様子をうかがうのだが、「あー、ひと足先に食べられたー」といって悔しそうに戻ってくることもあった。鹿か猪の仕業だろうか。母によると動物たちは山の幸がいちばんおいしくなる瞬間を知っているのだそうだ。

鹿児島ならではの山菜といえばツワブキ、それに古参竹、大名竹といった筍だろうか。スーパーに出回るおなじみの筍は真竹の筍だが、古参竹や大名竹の筍は真竹のものよりも細く柔らかい。さっとゆでて春の香りたっぷりの味噌汁にしてもおいしい。ツワブキはフキよりもさらに緑濃く葉も厚く、地元ではツワと呼ぶ。時期になるとシュンシュンとあとからあとからはえてくる。実家では山菜をとってきたら庭にある大きなかまどで下ゆでしてアクを抜いてから料理に使うのだが、アクが強いツワをゆでると独特の香りがあたり一面に漂って、その香りをかぐと「ああ春だなぁ」と幸せな気持ちになるのだ。ただし、それからしばらくツワ料理が毎日続くから、そのうち「もうツワは飽きたよう」と贅沢な悲鳴をあげることになるのだが。

　これまで紹介してきたとおり、神様に献じる神饌にはその季節の旬の食材が使われる。ならば春は山菜を神饌に使う神事もあるのではないだろうか。そう考えて探してみたところ、やっぱりあった。長野県茅野市の御座石《ございし》神社で毎年四月二十七日におこなわれる「どぶろく祭り」は別名「独活《うど》祭り」。その名のとおり、どぶろくと山菜のウドを神様にお供えして、その後氏子らがみんなで直会をするという。

　この祭りが珍しいのはウドを供えることだけではない。なんと神様に献じるどぶろくは神社の境内にある醸造蔵で氏子たちが自ら醸したもの。さらにウド、どぶろくと一緒に鹿肉もお供えする。神饌の面から見ると、獣肉を献じる神事は全国的にもまれだ。國學院大學研究開発推進機構伝統文化リサーチセンター発行の『まつりのそなえ――御食たてまつるもの』には、平安時代半ばに獣肉を不浄とする考え方が徐々に浸透した結果、禽獣を供える神饌は一部の古社に残るだけになっているとある。明治時代に丸物神饌に統一されたことも、多様な神饌が姿を消す要因になったのだろう。

　現在残っているものでは、狩猟を生業とした宮崎県の山あいに、西米良の銀鏡《しろみ》神楽や、高千穂神社の猪掛祭《ししかけまつり》、日南市北郷町の潮嶽《うしおだけ》神社の大祭など猪を供える例が点在する。鹿を使うのは諏訪エリアに特徴的で、鹿の頭を献じる諏訪大社の御頭祭《おんとうさい》と、ここ御座石神社のどぶろく祭りがある。

　ウド、どぶろく、鹿肉と神饌には珍しい食材が三つもそろうとは。しかも神様に献じたあとには、地区の方々が直会として盛大に宴を催し、境内でウドと鹿肉をつまみにどぶろくを飲み交わすという。

これほど興味深い祭り、見にいかない手はないじゃないか。そんなわけで私はゴールデンウィーク直前の四月二十七日、心弾ませながら特急あずさに乗り込んだのだった。

祭りの主役は御祭神ゆかりのウドとどぶろく

祭りや民俗が好きな方なら、諏訪大社と聞けば御柱（御柱祭）を連想するのではないだろうか。日本三大奇祭のひとつに数えられる御柱祭は、山中から御神木を切り出して人力で斜面を滑り落とす「木落とし」の一幕が有名だ。重量級の大木が急な斜面を猛スピードで落ちるように下り、その上に乗った男たちが勇姿を競う。荒々しさゆえ、ときには死人が出ることだってある。

御座石神社はその諏訪大社上宮の境外摂社であり、JR茅野駅から二キロほど離れた八ヶ岳山麓に鎮座する。神社前に降り立った私の目には、まだ新しい白木の鳥居が飛び込んできた。諏訪一帯の神社では御柱祭に合わせて境内の四隅に御柱を建てるが、御座石神社では御柱を建てず、かわりに白木で鳥居を作るのだという。鳥居がまだ新しいのは、御柱祭が催行された二

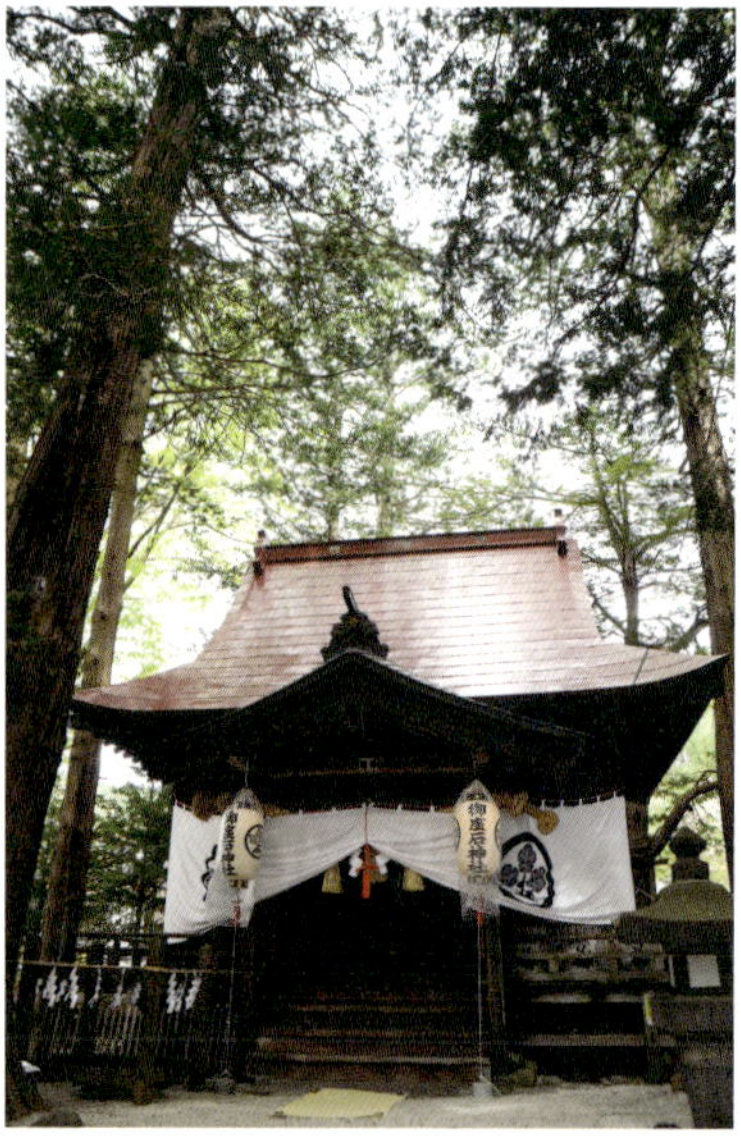

〇一六年に作られたばかりだからだ。

諏訪大社の御祭神は建御名方命《タケミナカタノミコト》。『古事記』では「葦原中国平定」に登場し、大国主神の子神と記されるが、『日本書紀』には登場しない神様である。そしてここ御座石神社の御祭神は高志沼河姫命《コシヌナカワノヒメノミコト》、建御名方命の母神だ。現在の福井から新潟にかけてのエリアにあたる高志の国からやってきた沼河姫命は、この地にあった石にお座りになった。「御座石」の名はこの伝説にちなんだものだ。ちなみに「座」とも「坐」とも書くが、どちらも間違いではない。境内には沼河姫命が乗ってきた鹿の足跡が残るとされる石もあり、神話の世界が目に浮かぶようだ。祭礼でウドとどぶろくを献じるのも、このあたりに狩りにきた建御名方命を沼河姫命がどぶろくとウドでもてなしたという伝説にちなむらしい。

四月二十七日は古くから御座石神社の例祭の日だった。この日、境内では丸一日かけて祭りがおこなわれるが、実は二つの祭りが混在している。神社でおこなわれる神事は御座石神社の例祭で、神事のあとに直会として境内でどぶろくを飲み交わすのが本町区のお祭りである「どぶろく祭り」だ。

文献に初めて「どぶろく祭り」が登場するのは中世のことで、周辺一帯がかつて矢ヶ崎村と呼ばれていたことから「矢ヶ崎祭」と呼ばれ、一二三八年の「守谷文書」や「諏訪大明神絵詞」にも記された。近世になると「独活祭り」と呼ばれるようになり、さらに時代が下ってから「どぶろく祭り」と呼ばれるようになった。正確にいうと「どぶろく祭り」は御座石神社だけでなく周辺にある大年社、犬射原社の三社へのどぶろく奉納までを含む。

歴史に翻弄された庶民の酒どぶろく

ここで、少し御座石神社のことを離れて、どぶろくの話をしよう。どぶろくという酒は特殊な酒だ。白く濁った色合いとトロリとした飲み口から濁り酒と同じものだと誤解されやすいが、実はこの二つは別物である。白く濁っているのは醪《もろみ》を漉さないために米の固形分が残るから。火入れをしないものは発酵を止めないため麹や酵母が生きていて、瓶を振ると勢いよく飛び出すこともある。アルコール度数が高いので通向けの酒というイメージもあるが、トロッとした飲み口とほのかな酸味があり意外に飲みやすい。微炭酸を生かしてソーダ割りにすれば、シュワシュワと爽やかな食前酒にもなる。

昔は酒といえばどぶろくのことだった。一般家庭でも当たり前に作られ、庶民の酒の代表格だったが、一八九九年（明治三十二年）に自家酒造が全面的に禁止されてから、個人がどぶろくを作ることはできなくなった。大増税の必要にせまられた当時の政府が、酒税の増徴に目をつけたためだというから、歴史に翻弄された酒ともいえるだろう。

そうはいっても長年愛されてきた庶民の酒だ。どうにかして残せないものかという声も多く、二〇〇二年からは国の許可を得た地域でだけ醸造が許されるようになった。これがいわゆる「どぶろく特区」だ。もちろん御座石神社でも神事用としてどぶろく醸造の許可を得ている。ちなみに個人が自宅でどぶろくを作ったら酒税法違反になってしまうので、くれぐれもみなさま試すことはなきよう。

このように知られざる受難の歴史をたどったどぶろくだが、神様にどぶろくを捧げる祭りはいまも全国各地に残っている。そのひとつが御座石神社のどぶろく祭りというわけだ。神社で御神酒としてどぶろくが醸造されるというのは、それだけでもう希少なのだ。どうだろう、飲んでみたくはならないだろうか。

鹿肉神饌と諏訪大社との深いつながり

ウドとどぶろくについては御祭神の伝説が関わっているとわかった。では鹿肉を献じるのはなぜなのか。御座石神社の有賀寛典宮司に尋ねてみた。

「鹿肉を献じるのは諏訪大社との関係があるのではと思います。当社は大社とのつながりが深く、現在でも例祭には大社から参向使がやってきます。また、この辺は仏教によって肉食が禁じられていた時代にも、諏訪大社から「鹿食免《かじきめん》」という鹿肉を食べる許可が出ていたところです。例祭の神饌としては米、塩、餅の次である四台目に鹿肉を供えますので、それだけ重要視されていたということでしょう。いまでこそジビエとして鹿肉を食べることも一般的になりましたが、昔は珍しいごちそうだったのではないでしょうか。鹿肉の調理法は塩でゆでるだけ。素朴です。どぶろくは脂の強いものには合わないので、こういうシンプルな調理法になったのでしょう。

ここのどぶろくはおいしいと思いますよ。素人《しろうと》が作るというのもあって、その年の気温や気候によっても味が変わってくる。それもまた楽しみのひとつです。今年はどんな味に仕上がっているのか、ぜひ飲んでみてください」

権禰宜の瀧澤佐千枝さんも、「飲んでいただければわかると思います。どぶろくが〝生きてる〟って感じがしますから」と声をそろえる。これはどぶろくタイムがますます楽しみになっててきた。

資料をたどると、江戸時代の記録である『御座石大明神御祭礼定式帳』にはすでに濁り酒、鹿、ウドあえを神饌に用いたことが記されているという。諏訪大社上社には鹿の頭を供える御頭祭があるが、以前は供える生贄を狩る御狩神事もおこなわれていた。現在では狩りはおこなわれていないものの、神事は形を変えて残っている。ただ、神饌に用いる鹿を手に入れることは困難になった。

鹿を手配するのは当番の大事な役目だ。当番は各自工夫し、狩猟をする方に分けてもらったり、奈良で間引かれた鹿を入手したりと、鹿の手配に奔走する。入手した鹿肉は、昔は塩蔵して保管したものだが、現在では塩もみして冷凍しておくそうだ。

ちなみに、かつては諏訪大社上社には現人神とされた独特の神職・大祝《おおほうり》が存在した。御座石神社は諏訪大社上社の摂社だったので、祭りには参向使として大祝がやってきた。鹿肉は貴人をもてなすための酒肴として供された面もあるらしい。

泊まり込みでどぶろくを見守る
――どぶろく当番は名誉職

さて、神事が始まる前に神様にご挨拶を。お参りすると、神前にはすでにウドとどぶろくが供えてある。広い境内を見渡すと、おびただしい数のブルーシートが敷かれ、まるで花見の場所取りのようだ。神事のあとの宴会のためだろうか。地区の方々がどれだけ祭りを楽しみにしているのかが伝わってくる。境内のスピーカーからはのんびりしたテレサ・テンの歌声が流れてきた。牧歌的な雰囲気もなかなかいい。

どこからか風に乗って、メロンのような甘い香りが漂ってきた。あたりを見回すと境内の一角に「酒」と書かれた白壁の蔵がある。軒下には新酒ができあがった合図である杉玉が下がる。間違いない、あれがどぶろく醸造蔵だ。氏子が心を込めて醸したどぶろくが蔵のなかでいまかいまかと出番を待っている。

社務所の壁には今年の醸造を担当した当番の名前が貼り出されていた。今年の当番は守矢芳幸さん、細田信一さん、戸田俊彦さんの三人だ。当番は毎年氏子のなかからくじ引きで決められ、三人一組で醸造にあたる。祭りのために約五百人から六百人分のどぶろくを醸すとなれば責任も重大だが、本町区の方にとってどぶろく当番は「やりたくてもできない名誉な仕事」なのだそうだ。

仕込みを始めるのは三月下旬頃。そこから約一カ月かけてどぶろくを醸し、祭りが近くなると泊まり込みでどぶろくの番をする。そうしてできあがったどぶろくが、満を持して今日、みんなにふるまわれる。ありがたいことに参拝者にもどぶろくが一杯ずつふるまわれ、限定のどぶろく饅頭も販売される。

ところでこう言っては失礼だが、当番になる方々は酒造りは素人のはず。はたして、どぶろくってそんなに簡単に作れるものなのだろうか。そんな疑問が頭をもたげるが、話を聞いてみるとやはりそう簡単にはいかないらしい。もともとは氏子だけでどぶろく作りをしていたが失敗してしまうことも多々あり、過去には、あろうことか祭り当日にどぶろくが腐ってしまっていたこともあった。そこで茅野市内の酒蔵大津屋本家酒造（ダイヤ菊）に指導してもらい、仕込みまでを酒蔵でおこない、その後境内の醸造蔵のステンレス製タンクに移して、当番が温度や発酵の進み具合を見守る形に変えた。この方法になってからは失敗もなくなったそうだ。

では、御供（神饌）と直会用の料理作りはどんな感じなのだろうか。こちらも例祭が始まる前

に見学させてもらうことにした。境内の公民館におじゃまするると、数十人の女性たちが大量の料理を手際よく調理しているところだった。鹿肉はこの日の朝、境内で忌火をおこし、釜に湯を沸かして塩ゆでしたもの。ウドは粕あえときんぴらに。きんぴらはウドをしょうゆ味で炒め、粕あえは大きなボールに酒粕を入れ、生ウドをスライスしたものを一気にあえる。ここでも芳醇な酒の薫りがふんわりと匂ってきた。酒粕は現在では市販のものを買ってきて使うが、昔は境内でどぶろくを仕込む際に副産物として出る酒粕を使っていたという。そうか、だから粕あえだったのか。

できあがった料理を、流れ作業で皿に盛り付けて並べていく。煮干しや乾き物などのおつまみもある。てきぱきと進む料理作りを眺める途中、ふと壁を見上げて驚いた。写真入りの詳細な料理手順がプリントアウトして貼り出してあるではないか。というのも、私がこれまで見てきた神饌作りは、古文書に書いてある作り方を宮司が説明しながらとか、前回のやり方を思い出しながら口伝で、というものがほとんどだったからだ。こういうふうに誰もが作れるように、レシピサイトのように順序立ててわかりやすい説明が用意されているのを見たのは今回が初めて。合理的な工夫に妙に感心して見入ってしまう。変わらない作り方を途絶えず残していくには、現実的にこういうことが必要なのだろう。

年に一度のお楽しみ、どぶろくを飲み交わす大宴会

午後一時、神社で神事が始まった。本殿内での神事は見ることができないが、最後に例の鹿の足跡が残る石にもみじの玉串が献じられ、拝礼。この時期には珍しい青もみじは総代が苦労して

探してきたものだ。

神事が終わると続いてどぶろく祭りが始まった。来賓や宮司の言葉に続いて当番が「一年間当番としていろいろな苦労をしてきました。信心が天に届き、大変おいしいどぶろくに仕上がりました。ぜひみなさん楽しんで、親睦も深めてください」と挨拶すると、会場からは盛大な拍手。さらに「自宅に帰るまでがお祭りです。みなさまくれぐれも車の運転はしないようご注意ください」という優しい注意事項も言い渡され、さあ宴会の始まり。ついにお待ちかねのどぶろくタイムがやってきた。

どぶろく醸造蔵の前で地区班ごとにどぶろくが配られる。列に並び、受け取って「待ってました」とばかりに注ぎ分けるみなさんのうれしそうな顔といったら。境内はなごやかな宴の会場となり、地元の小学生たちによる出し物が演じられるなか、甘い新酒の香りが漂う。

「これ、味見してみませんか?」と神主の瀧澤さんが直会の料理を持ってきてくださったので、どぶろくと一緒に味わってみる。鹿肉の塩ゆでは塩気がしっかりきいていて、どぶろくのアテにちょうどいい。ウドの粕あえは思った以上にパンチがあり、これだけで酔えそうだ。どぶろくとウドの粕あえのコンボ、この組み合わせはへべれけ必至だ。それに噂どおり、とびっきりのどぶろくだ。クイクイ飲んでいたら、視界がぽやんとぼやけてきた。ああ、早くも酔いが回ってきた。会場の歓声につられて、見物客同士も自然に仲良くなり、雑談をしながらどぶろくを酌み交わした。

ところで神饌に使われるウドは昔は近くの山でとってきたものだが、いまは「那須の春香ウド」を使うという。これも何かの縁だろうか。実は私、この日の一カ月ほど前に国内有数のウド産地である栃木県の那須に春香ウドの取材に行ったばかりだった。

みなさんはウドがどのように育てられているかご存じだろうか。ウドの大木という言葉があるから、木の枝のようなイメージがあるかもしれないが、那須のウドは実は地中で育てられる。取材ではウド畑を見せてもらったのだが、はじめはどこにウドがあるのかわからなかった。目の前にあるのは囲いのなかにもみ殻が敷き詰められてクッションのようにふわふわしたものだけ。それが畑だといわれてもピンとこない。はて、ウドはどこ?、とキョロキョロしてしまったが、よく見るともみ殻の上にひょろんと葉先だけが顔をのぞかせているのを見つけた。そう、ウドは地面の下に隠れていたのだ。日光に当たると緑色になってしまうから、白くするために日光が当たらないよう地中で育てるらしい。ひょろんと出た葉先がまるで人間の手みたいで、思わず底なし沼からニョキッと突き出る手に手招きされる怪談を想像してしまった。

「那須の春香ウド」は品種改良されてクセも少なくなっているから、生でも炒めても揚げてもおいしく食べられるらしい。地元の方がウドをおいしく食べられるレシピを開発できないかと頭を悩ま

せていたが、「ウドの粕あえ」はどうだろう。きっと酒飲みにはウケるはず。大人のおつまみレシピとして推薦したいくらいだ。

正史以前の諏訪に広がる土着信仰のミクロコスモス

どぶろくを飲みながら、近くで神事の様子を熱心に眺めていた方に話しかけてみた。近郊から祭りを見にきていたKさんだ。Kさんは「建御名方命《たけみなかたのみこと》が諏訪に来る前のことを知っていますか？　建御名方命以前の諏訪には、ミシャグジや神長官といった独特の文化があったんですよ。この近くには神長官守矢史料館もあります」と教えてくれた。さらにKさんは、諏訪の信仰や考古学を研究する有志による「スワニミズム」という冊子のことも教えてくれた。はて、建御名方命が諏訪に来る前とはどういうことだろうと考えてみた。

古代の歴史書の代表格といえば『古事記』と『日本書紀』だ。どちらも完成したのは八世紀とされ、天皇が国を支配する正当性を示すために編纂された。『古事記』はやまとことばを筆録した変体漢文で、『日本書紀』は正史として漢文で記され、皇統につながる神話が描かれる。収録されている神話はだいたい共通するのだが、細かい部分はさまざまな相違がある。いずれにしても、二つとも中央からの視点で作られた神話である。

建御名方命は『日本書紀』には登場せず、『古事記』にだけ描かれる。『古事記』では諏訪大社の御祭神である建御名方命が、高天原から出雲に降り国を譲るよう交渉しにきた建御雷神に敗け、諏訪の地に逃げ、この地から出ないと約束したという話になっている。要は中央政権から諏訪に追いやられた神ということになるのだろうが、これを諏訪の側から見たらどうなのだろう。

早速帰りがけに茅野駅前の書店に立ち寄って「スワニミズム」を買い求め、読んでみて驚いた。冊子で掘り下げられているのは、もう一つの諏訪の姿だった。縄文遺跡もある諏訪・八ヶ岳エリアでは、ミシャグジや洩矢神という土着の神々が古くから信仰されてきた。編集長の石埜穂高さんはミシャグジを「謎の神」と書いているが、冊子を少し読んだ私は、その謎っぷりに頭を抱えてしまった。ミシャグジっていったい何？

冊子や資料からわかることは、ミシャグジとは民間信仰の神または精霊のような存在で、祭祀を司るのは神長官・守矢氏だけだったらしい。守矢氏は諏訪大社上社独特の神職であり諏訪明神の依り代とも現人神とも伝わる大祝を補佐する神官を務めた家柄で、ミシャグジを降ろしたり、物に憑けたりといった独特の祭祀をおこなっていた。全容が明らかでない分、研究者や郷土史・民俗愛好家の強い興味を引いているようだ。ああ、なんだか深い沼の予感……。

諏訪には諏訪明神の入諏神話というものが伝わる。これによると、建御名方命が諏訪にやってきたときに、もともと諏訪にいた神である洩矢神と戦い、敗北した洩矢神が建御名方命に仕えるようになったとされている。一方、それまでの諏訪には建御名方命という神様がいなかったことから、むしろ建御名方命が諏訪明神になる前から諏訪で信仰されていたミシャグジが、建御名方命としてヤマト王権の神話の系譜に組み込まれたのではないかという説もある。ミシャグジは諏訪大社の特殊神事でも登場する。むしろ上社の祭祀はミシャグジへの祭祀の名残ではないかと考えられるものが多く、御頭祭もミシャグジを降ろすためのものだったのだそうだ。

と、ここまでは私が資料を読んで理解したミシャグジ像なのだが、「スワニミズム」のなかではさらにその先のミシャグジ考が縦横無尽に展開されていた。あまりにも深くて、通りすがりの私の説明ではどうにもおぼつかないので、興味ある方は諏訪を探求する「スワニミズム」第三号（特集「ミシャグジ再起動」）をぜひ読んでほしい。

ただ、本当の諏訪には、もっと混沌とした土着の神々の世界が広がっていたのかもしれないと知ると、いままで御座石神社と建御名方命を中心とした神話のエピソードだけから見ていた景色の向こう側が、急にモザイクがかかったように複雑にかすんで感じられた。私はいま、入り口をちらっと覗いたにすぎないのだが、どぶろく祭りをきっかけに、諏訪に伝わる土着信仰の深部へと手招きされているようで、くらくらしてきた。

　そういえば、以前、スマートフォンで古地図を見ながら東京を歩くというイベントに参加したことがある。見慣れたビル街に、江戸時代の姿を想像し、重ねながら歩くのはなかなか面白い体験だった。それと似たような感覚を覚えた。

　御座石神社のすぐ近くには信号がある三差路があるが、ここには古くは「鬼場」または「御贄場」と呼ばれ、お供えの鹿肉を掛ける柱があったという。そのことを知った途端に、目の前の風景がガラッと違って見えてくる。一見なんの変哲もない三差路にもこんないわれがあり、目に見えない歴史が息づいている。土地に伝わる歴史の奥に、折り重なるようにほかの歴史が隠れているのだ。建御名方命とミシャグジのように幾層にも折り重なって。知れば知るほどに、旅は深くなることを実感した。

　帰る間際、諏訪を後にするのがもったいないような気持ちになった。もっと知りたいと思う。だからまたいつか来よう。さらに深く諏訪を知るために。

どぶろく祭り（独活祭り）

開催日時：4月27日
開催場所：御座石神社
住所：391-0003 長野県茅野市本町東15
電話番号：0266-82-0613

第6章

海水を煮詰めて塩を作る

御釜神社の藻塩焼神事

（宮城県塩竈市）

三陸ほど、ある日を境に何もかもが変わってしまったところはないのではないだろうか。仙台駅から沿岸部へ延びる仙石線に乗り込んで塩竈を目指す道すがら、車窓から街並みを眺めると、心はやはり東日本大震災（二〇一一年三月十一日）のことを思わずにはいられなかった。

震災が起こる前にも一度、三陸を旅したことがあった。日本三景に数えられる風光明媚な松島を訪ね、気仙沼で海沿いの民宿に泊まり、堤防でぼんやり海を眺めた。折しも台風が近づいて海はしけていた。少し怖さを感じながらも、さらに海岸線を北上。岩手県に入り浄土ヶ浜の海岸美を眺めたり、田老の海で泳いだりしながら宮古までリアス式海岸を旅したのは十年ほど前のことだったか。当時はちょうど「mixi」全盛期で私はせっせと旅日記をアップしていたが、あるマイミクからこんなコメントがついた。

「あの辺は原発が多いんですよね。大きな地震がきたらどうなるんだろう。Point of no return という言葉があるけど、後戻りできなくなる前に引き返さなくちゃいけないんじゃないか」

そのときの私は三陸に原子力発電所が多いことさえ意識していなかったし、正直なところ、旅気分に浮かれて深く考えずに流してしまった。それどころか、ウキウキした気分に少し水を差されたような気持ちにさえなった。いま思い返すと、なんてばかだったんだろうと思う。実際にその数年後に大震災が起こり、原発は地震の影響で事故を起こしてしまったのだから。考えたくないことに蓋をしたところで、問題が消えてなくなるわけではなかった。あの人には、こうなるかもしれないことがわかっていたのか。そう思い返すたびに、浅はかな自分を戒めたくなる。

ＪＲ本塩釜駅に降り立つと、壁の目立つところに津波ハザードマップが貼り出されている。あの日、塩竈市は沿岸部を中心に約三分の一が水没し、いま自分が立っている駅舎も津波にのまれた。そのときのことを想像するだけで、足がすくんでしまいそうだ。

ところで、「神社には津波が来ない」という話を聞いたことがあるだろうか。実際、東日本大震災では歴史が古い神社の多くが津波の被害を免れたという。長い年月のなかで何度も津波を経験するたびに、津波が到達しない高台に神社が移っていったのが理由ではないかという。

津波の被害を免れたといえば、塩竈市にある鹽竈神社も例外ではない。一森山と呼ばれる小高い丘の上に鎮座する社は海抜約五十メートルのところにある。そのため津波は表参道の下で止まり、社殿は無傷だった。神社がある場所には、津波から身を守る術を人々に知らせる意味が秘められていたということだろう。

鹽竈神社には東日本大震災にまつわる不思議な話がもう一つある。境外末社の御釜神社には四つの神釜が祀られ、釜のなかには海水がたたえられている。この釜には「決して干上がることがなく、変事があると水の色が変わる」という言い伝えがあるのだが、伝承のとおり、あの大震災の前日にはいつもは澄んでいる釜の水が濁ったという。未曽有の大地震を予知するとは、神釜にいったいどんな秘密があるのだろうか。

塩の作り方を伝えた塩土老翁神とは

今回塩竈を訪ねたのは、御釜神社で七月四日から六日にかけておこなわれる藻塩焼神事を見るためだ。神事では海水を煮詰めて神様に供えるための塩を作る。初日の七月四日は藻刈神事。神職が船で海へ出て海藻のホンダワラを刈り取ってくる。翌五日は水替神事。神釜の海水を海にお返しにいき、松島湾の釜ケ淵で満潮時の海水を汲んで持ち帰り、神釜の水を入れ替える。そして七月六日はいよいよ塩作り本番。古代の製塩法を間近に見ることができるという。

さて、神事が始まる前にまずは鹽竈神社にお参りしよう。社務所に挨拶に立ち寄ったところ、権禰宜の藤澤瑞朗さんが境内を案内してくださった。それにしても大きな神社だ。立派な社殿からはあつい信仰を集めてきたことがうかがえる。伊達家との関わりも深く、伊達家がこの地を治めた江戸時代から明治時代までは、歴代藩主が「大神主」として祭事を司ってきたのだとか。遷宮で二〇一八年に建て直されたばかりという唐門は極彩色で、日光東照宮の回廊と雰囲気が似ているがそれもそのはず。創建時、鹽竈神社は日光東照宮の社殿の改修を担当した職人たちを呼び寄せて作られたため、いまでも日光東照宮と同じ職人によって作られるのだという。社紋には可憐な鹽竈桜が描かれ、彫刻も鮮やかで思わず引き込まれる。

境内には志波彦神社と鹽竈神社の二つのお宮がある。志波彦神社には農業・産業の神様である志波彦神《しわひこのかみ》が祀られ、鹽竈神社には三柱の神様が祀られる。社伝に「武甕槌神《たけみかづちのかみ》と経津主神《ふつぬしかみ》が陸奥国を平定した時に、両神の道案内をした塩土老翁神《しおつちおじのかみ》がこの地に留まり、人々に塩づくりを伝えたのが始まり」とあるとおり、別宮には塩の神様である塩土老翁神が、左宮・右宮には鹿島神宮・香取神宮の神様であり武神とあがめられる武甕槌神・経津主神が鎮座する。松島湾を背にして西向きに立つ別宮の「別」は「特別の」という意味。つまり、こちらに鎮座する塩土老翁神こそが鹽竈神社の主祭神である。

「観光で遠くからいらした方は唐門を入ってからまっすぐ進む方が多いんですが、地元の人は門を入るとすぐ右に折れる。別宮が主祭神だと知っているからですね」と藤澤さんが教えてくれた。

塩土老翁神は海幸彦山幸彦の神話のなかで山幸彦をワダツミの宮へ案内した神様であることから航海の安全の神様ともされ、出産が潮の満ち加減に左右されることから安産の神様としても信仰される。

別宮拝殿の前には献魚台と書かれた台がある。これは文字どおり、魚を献じるための台。なんでも、塩竈の漁師は漁に出る前に安全祈願にやってきて、無事に漁から戻るとふたたびお礼にお参りして魚を供えていくのだそうだ。それだけ信仰があついということだろう。なかには大きなマグロをドーンと置いていく人もいるとか。

志波彦神社の前からは境内でここだけ海が見渡せる。塩竈の街並みの向こうにはあの松尾芭蕉をも魅了したという松島湾が眺められ、凪いだ海にぽっかりと

島々が浮かぶ。その風景を眺めていると藤澤さんが言った。

「藻刈神事では船であの島々よりも外側の海まで行って、ホンダワラを唐櫃いっぱいにとってくるんですよ。昔は手漕ぎの船だったので朝から午後遅くまでかかったと聞きます」

そうだ、せっかくだから気になっていた神釜の話も聞いてみよう。

「震災の前に神釜の水が濁ったというのは本当ですよ。前日の夕方に御釜神社からの報告を聞き、何かおかしいとは感じましたが……。正直なところ、そのときはまだあれほど大きな地震がくるとは思っていませんでした。いま思えば、前日に体に感じない程度の微動が続いていたんでしょうね。神釜は鉄製で底の部分に錆が沈殿しますから、その錆が微動に揺さぶられ水と混ざり濁って見えたのではないかと。神様は大地震がくることをわかっていらっしゃったということでしょうね」

なるほど、変事を告げたのはそういうメカニズムだったのか。さて、その不思議な神釜のある御釜神社で、神様の塩作りがそろそろ始まる。私は藤澤さんに礼を告げ、一森山を下りて御釜神社へ急いだ。

塩づくりゆかりの地で知る塩の雑学

鹽竈神社から坂を下りること約十分。町屋が並ぶ商店街の一角に御釜神社はあった。まだ参拝客もまばらだが、境内にはすでに大きな鉄釜がスタンバイしている。その傍らで地元住民に塩の雑学をレクチャーする方がいた。NPOみなとしほがまボランティアガイドの和田義孝さんだ。耳をそばだてると、何やら面白そうな話が聞こえてくる。どうにも気になった私は、和田さんらにじりじりと近づいた。我ながら怪しい動きだったが、見学に来たことを説明して、一緒に話を聞かせてもらうことにした。

「鹽竈という漢字は難しいでしょう？　でも字の成り立ちを知れば、誰もが書けるようになりますよ」と和田さんはファイルに入れた絵を見せてくれた。「小学生にはこの絵で説明します。これは、鹽の漢字を象形文字で分解した図です。〝皿の上に、塩の結晶を乗せて、そこに旗を立てて、隣で武人さんが守っている〟ことを意味しています。昔は塩がとても貴重だったので、旗を立てて自分のものだと主張したんですね。これを説明すると大抵の人は鹽と書けるようになりますよ」

これはわかりやすい。実は私も、ここに来る前に鹽竈神社にファクスを送ろうとして鹽竈と書けずに苦戦したばかり。漢字の成り立ちにはちゃんと意味が込められているんだな。

「サラリーマンという言葉も塩と関わりがあるんですよ。ラテン語にサラリウム（salarium）という言葉がありますが、これを日本語に訳すと〝塩の支給〟という意味です。古代ローマでは塩がとても貴重で、労働の対価として塩が与えられていました。これが給料を意味する英語のサラリーに変化し、サラリーマンという言葉が生まれたわけです。つまり語源をたどると、サラリーマンとは〝塩をもらうために働いている人〟という意味なんですよ」

さらに、和田さんは仙台藩が塩を専売品としていたことも教えてくれた。仙台藩は藩内で作られた塩を厳しく管理することで、藩の財政にも役立てていた。これらのエピソードからも塩がどれほど貴重で、人々の暮らしに欠かせないものだったのかがよくわかる。

塩作りの歴史とホンダワラの意外な役目

では、ここで塩作りの歴史をおさらいしてみよう。現在、食卓塩として広く使われている精製塩は海水を電気分解したものを煮詰めて作る。このように塩を大量生産できるようになったのは、昭和に入ってだいぶたってからのこと。日本で開発・実用化されたイオン交換膜法という技術のたまものだ。それ以前の塩作りはいまよりもはるかに時間と手間がかかる大変な作業だった。

会津の山塩などのごくわずかな例外はあるものの、日本の塩のほとんどは海水から作られる。原始の塩は海藻を海水に浸して乾かすことで結晶化させてとったと考えられる。縄文時代になると製塩土器と呼ばれる土器に海水を入れ、火にかけて水分をとばし、塩を作るようになった。東北地方では宮城県の仙台湾をはじめ、陸奥湾や三陸北部の海岸でも土器製塩がおこなわれていた形跡があるという。

しかし製塩土器は薄いため壊れやすく、数回で使えなくなってしまうので効率が悪い。そこで六世紀から七世紀になると、鉄釜で漉した海水を煮詰める方法が考え出された。いまから始まる藻塩焼神事で見られるのはこのやり方だ。

その後、塩作りは塩浜を利用した揚浜式や入浜式へと変わっていく。海水が滲み込んだ砂から塩の結晶を作る方法だ。私は能登・仁江で揚浜式塩田を見学した折、人力で重い桶を運ぶため大変な重労働だったと説明を聞いたことがある。このように日本人はさまざまな工夫を凝らし、大変な労力をかけて塩を作り出してきた。

塩竈に近い現・宮城県多賀城市には八世紀前半の製鉄遺跡である柏木遺跡がある。周辺で鉄がとれ、早くに大陸から製鉄の技術が伝わり、奈良時代にはすでに製鉄がおこなわれていたという地理的要因も、塩竈周辺で鉄釜を利用した塩作りがおこなわれるようになった背景にあるようだ。

午後一時、御釜神社で神事が催行されたあと、いよいよ藻塩焼きが始まった。木桶に入れられた海水と、唐櫃いっぱいのホンダワラが運ばれてくる。榊で海水を祓ったあと、神職が大きな鉄釜の上にびっしりとホンダワラを敷き詰め、上からザーッと海水を回しかけると、海の香りがあたり一面に漂った。火打ち石でおこした忌火で焚き物に火をつけ、釜を炊き始める。ほどなく白煙が立ち上り、釜の湯がたぎってきた。あとは時間をかけて海水を煮詰める作業だ。海水に混ざった不純物を丁寧にすくいながら、神職が数人がかりで釜の海水をかき交ぜ続ける。ひたすら火のそばで奉仕するのだから、暑さもかなりのものだろう。一時間半ほどたった頃、ようやく釜の底に塩の結晶らしきものが姿を現し始めた。少し焦げたような独特の香りがあたりを包む。釜からモクモクとあがる湯気がサッと途

切れたとき、釜のなかには立派な塩ができあがっていた。ああ、塩だ！　本当に海水から塩ができた。

先ほど藤澤さんに聞いた話が頭をよぎる。

「私も何度か藻塩焼神事にご奉仕していますが、不思議なことに毎年できあがる塩の色が違うんですよ。海流やホンダワラの生育具合によって、同じ色になることがない。自然の不思議ですね」

この日の塩は少しグレーがかって見えるが、目の前で海水から塩が生まれる様子はまるで錬金術。なんだか魔法を見ているような不思議な気分になった。できあがった塩を神職が三方に盛り付け、御釜神社へ。この塩はのちほど参拝者にも配られ、七月十日に鹽竈神社でおこなわれる例祭でも神様へ献じられる。

ところで神事で使われる海藻はなぜホンダワラなのだろう。不思議に思っていたのだが、神事に奉仕していた禰宜の小野道教さんがこう教えてくれた。

「太古の昔からこの辺でホンダワラがよくとれたということもあるでしょうが、形も関係しているんじゃないでしょうか。塩作りにおけるホンダワラの役割は〝漉す〟ことです。ホンダワラの上から海水を回しかけることで、海水の塩分をより濃くするのが目的です。だから、ほかの海藻では意味がなかったのではないかと思いますね」

なるほど。葉の部分が丸く大きいホンダワラの形だからこそ、効率よく海水を漉すことができたわけか。それならやわらかいワカメや細いヒジキでは力不足だろう。自然にあるものをうまく使って塩作りを試みた、昔の人の知恵に脱帽する思いだ。

藻塩法による塩作りは古代にはすでにおこなわれていた。そのため『万葉集』にも藻塩焼きを思わせる記述がいくつもあ

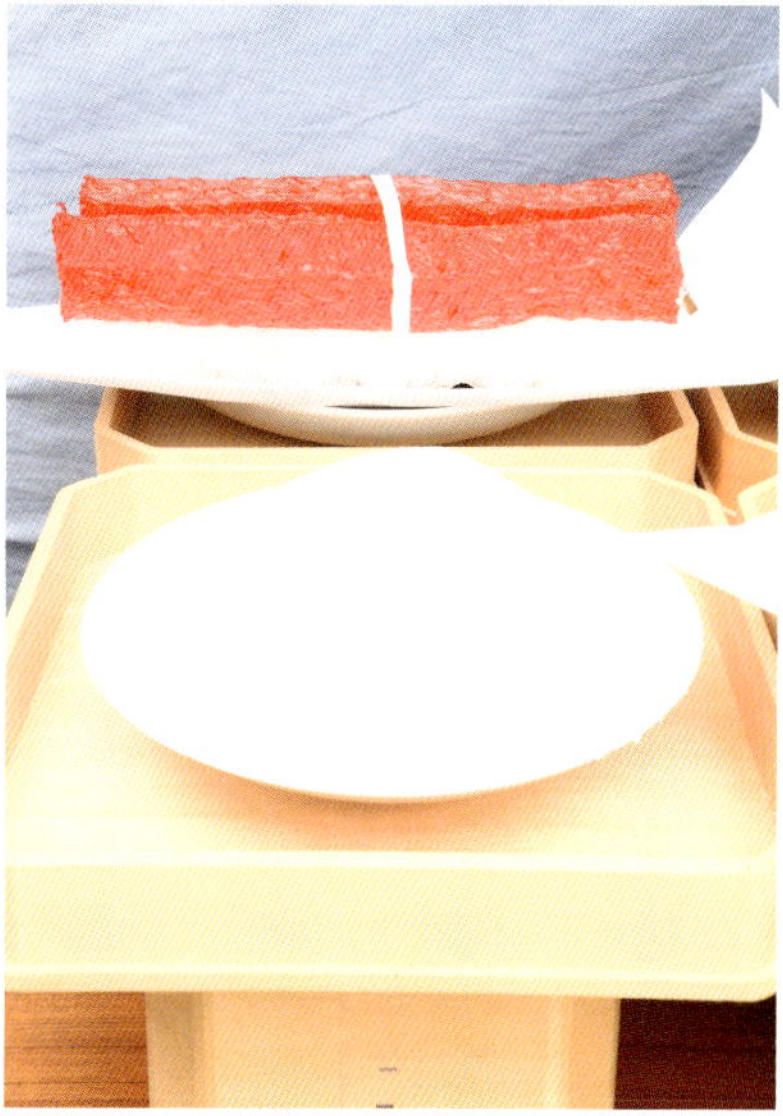

る。さらに『万葉集』を本歌取りした歌に、権中納言定家が詠んだこんな歌もある。

「こぬ人を　まつほの浦の夕なぎに　焼くやもしほの身もこがれつつ」

海人が藻塩を焼く様子が、じりじりと恋に身を焦がす心に例えられるとは、なんとも風流だ。長い時間をかけてわずかな結晶を取り出す作業のじれったさは、確かに少し恋と似ている。

禊パワーを凝縮、神道での塩とは

人間が生きていくうえで欠かせない塩は、神道でも重要視される。神道で塩はどんな意味をもつのか、小野さんに尋ねてみた。

「塩はお清めをするのになくてはならないものです。お清めは禊に由来しますが、神様が初めて禊をしたときには海水を使ったとされ、現在でも神職が禊をするときに海に入ったり海の水をかぶったりします。藻塩焼神事を見ていただくとわかるとおり、わずか一握りの塩を作るのにも大量の海水が必要になります。つまり塩には海水の力が凝縮されており、わずかな塩でお祓いをしたとしても大量の海水を浴びることと等しいと考えられているのです」

塩に秘められた禊のパワーは計り知れないということか。家の戸口に盛り塩をしたり、葬式から帰ったときに塩をかぶったりと、お清めの塩は私たちの生活のあちこちに根差している。相撲の土俵に塩をまくのもお清めのためだ。一八七五年(明治八年)に定められた式部寮「神社祭式」でも、塩は神饌の基本品目に数えられる。あらためて神道と塩の深い結び付きを思う。

帰り際に、権宮司の野口次郎さんにも塩の大切さについて話をうかがうことができた。

「いまの世の中は減塩志向で、塩はともすれば目の敵のように言われることもありますよね。ですが本来、塩は人間が生きていくうえでなくてはならないものです。戦国武将が敵に塩を送ったという故事からもわかるとおり、人間は塩がないと死んでしまいます。そのほかにも塩は思いがけない用途で使われているんですよ。病気になって手術を受けるときに傷口を洗う生理食塩水にも塩が使われますし、病気を治す薬の基材にも塩が使われます。人間が命をつないでいくうえでも塩は必要なのです。

藻塩焼神事には、塩をお供えし神様に召し上がっていただいて、塩の大切さをみなさんにお知らせするという意味もあります。県の無形民俗文化財ですので、後世につないでいかなくてはいけないのはもちろんですが、塩の神様の力を後世に伝えていくという意味でも神事を継承していかなくてはいけないと考えています」

神事が終わり、御釜神社を後にした私は本塩釜駅へ向かった。海が近づくにつれ、風に乗って潮の香りがフワッと漂ってくる。少しベタベタする潮風が頬にまといついた。海が近い。そう感じると逃げ出したいような落ち着かなさを覚えた。震災以降、私は海が怖くてならない。津波と化してたくさんの人の命を奪った海が。それでも塩竈の人たちはここに暮らし、海と生きているんだ。

人間の進化の源流をたどれば、そこに海がある。原始の生命は海から生まれ、そこから分かれて長い時間をかけて進化してきたと考えられるからだ。人間の赤ちゃんを包む羊水は海水とほぼ同じ成分だというが、私たちの体に塩が不可欠なのは進化の歴史から見れば必然なのかもしれない。

塩を生み出す海は命の源でもある。海藻や魚介類をもたらす豊穣の海でもある。そう考えれば、神道のなかで海や塩が重要な役割を果たすのもうなずける。怖いけれど、母なる海をもう一度しっかり感じてから帰ろう。これからもずっと日本人は海に囲まれて生きていくのだから。

藻塩焼神事

開催日時：7月6日
開催場所：御釜神社
住所：985-0052 宮城県塩竈市本町6-1
電話番号：022-367-1611（志波彦神社・鹽竈神社）

第7章

神饌を頭に乗せて行列

……北白川天神宮の高盛御供（京都府京都市）

正月に若菜神事の取材で訪ねた貴船神社の三木さんに面白いことを教えてもらった。

「京都では、北白川天神さんに面白い神饌が残っていますよ。形だけでなく、運び方も珍しいですよ」

その話を聞いて以来、私は北白川天神宮の「高盛御供」が気になって仕方なかった。北白川天神宮では毎年秋に大祭として神幸祭と還幸祭がおこなわれる。それに先駆け、神幸祭の一週間前におこなわれるのが高盛御供の献饌行事だ。着物姿の女性たちが神饌を頭に乗せて運んで神様に献じるのだが、その形は円柱形でも神輿形でもなく、先がとがった円錐形。さらに、献饌を担当するのは神職でも男性でもなく女性なのだ。形だけでなく、運び方、運び手、どれをとっても興味深い高盛御供を見るために、私は京都に向かった。

二〇一八年の高盛御供は九月三十日（日）の朝八時からおこなわれるという。神饌は前の晩から徹夜で作られる。そこで、事前に連絡をして前夜の神饌作りから見学させてもらうことになった。北白川行きのバスに乗り、車窓からぼんやりと街を眺めていると、「長刀鉾」と書かれたイラストが目に飛び込んできた。祇園祭の鉾のひとつだ。先端がひょろんととがったこの形、なんとなく高盛御供の神饌に似ているような……。もしかして、高盛の形は祇園祭の鉾と関わりがあるのだろうか。まだ全容がつかめない高盛御供についての疑問が、頭のなかにほわんほわんと浮かんでは消えていく。

銀閣寺道でバスを降りると、今度は道路沿いにある京都銀行のショーウインドーに貼られたポスターに目がいった。黒地の着物姿の女性が、頭の上に籠と大根を乗せている。モチーフは「大原女」だろうか。京都では、平安時代からこうやって物を頭に乗せて運び売り歩く行商人の女性たちが活躍した。彼女たちは京都各地の地名を冠して「大原女」「桂女」などと呼ばれる。大原女は大原の里の農家から薪や炭を売り歩きにきた女性たち。桂女は桂の里から鮎などを売り歩きにきた女性たちだった。そして、これから訪れる北白川にも「白川女」がいた。白川女は頭に籠いっぱいの花を乗せて売り歩いた花売りだ。高盛御供で献饌する女性たちの着物姿はこの白川女の衣装だという。頭に乗せるのが大根ならまだしも、神饌ならば重さもかなりのものだろう。こんなふうに運べるものなのだろうか。ついつい立ち止まり、食い入るようにポスターを眺めてしまう。

北白川は銀閣寺から山ひとつ越えたあたりにある。古くは志賀越・山中越道沿いの街道集落として栄えた地だ。周辺から縄文遺跡が発見されていることから、京都盆地のなかでも早くから人々が生活した地だったと考えられる。

北白川はかつてたくさんの花畑が広がる「花の里」でもあった。一帯は水はけがいい扇状地であり、花の栽培が盛んだったからだ。そして、ここ白川の地から京の街へ花を運び売り歩いたのが「白川女」だ。高盛御供で献饌をする女性たちは、黒地の着物、えんじ色の帯、ハンノキで染めた橙色のまえかけという清楚ないでたちだが、この配色は花がより美しく見えるように考えられた白川女の衣装だった。一九七〇年前後（昭和四十年代）まではここから御所にも花が届けられた。

北白川天神宮は、白川のなかでもひときわ小高い千古山に鎮座する。室町時代以前は久保田の森に「天使大明神」として祀られていたが、室町時代のはじめに現在の場所に遷された。遷座のきっかけになったのは、かの八代将軍足利義政公だ。なんでも、義政がいまの銀閣寺の地に山荘東山殿を造営する際、千古山の近くを通りかかったところ、突然馬がいなないた。このことに霊験を感じた義政のひと声で、現在の場所に神社が遷されたと伝わる。

御祭神は少彦名命《スクナビコナノミコト》。『古事記』にはガガイモの船（天乃羅摩船）に乗って海からやってきた小さな神様として描かれる神様だ。大国主命の国造りに参加し、酒造りを広めたことから転じて薬の神様ともされる。北白川天神宮には日吉明神、春日明神、八幡大神も合祀され、土地の人々から延命息災、悪疫退散、縁結び、安産、福徳開運の神様として崇敬された。

北白川天神は、宮家とも深い関わりがある。江戸時代に入ると、白川村には聖護院の退隠所である照高院宮御殿ができた。北白川天神宮は照高院宮の御祈禱所となり、村人にも神事や祭事の方法が教えられた。明治時代に入ると、照高院宮はこの地にちなんで北白川宮家と改称した。それ以降も、北白川天神の祭りに宮家から献饌がおこなわれるなど、深い関わりが続いた。

さて、宮家があり、白川女のふるさとだった北白川の地でいったいどんな祭りが見られるのだろうか。

祇園祭の鉾にもゆかりが
――神饌と飾りに込められた意味

銀閣寺道から歩くこと十分ほど、閑静な住宅街のなかに北白川天神宮を見つけた。境内に足を踏み入れると、風に乗って香ばしい味噌の香りが漂ってくる。神饌の準備がおこなわれる長生殿のなかでは、北白川伝統文化保存会のみなさんが作業にいそしんでいた。ニコニコと出迎えてくれたのは会長の西村幹生さんだ。「これが高盛ですよ」と展示されている模型を見せてくれた。

円錐形の神饌は小芋、大根なます、刻みスルメの三種類がある。落ち着いた地色の高盛の表面には、色鮮やかな飾りが付けられている。赤く染め上げられたもみじ、鹿、兜の文様が散らされ、まるで西陣織の反物でも見ているようにきれいだ。でも、すべて食べ物のはずなのに、パッと見ただけではどんな材料で作られているのか想像もつかない。

「飾りはサツマイモで作ります。五ミリくらいの厚さに切って、水にさらし、型抜きをして、梅酢をつけた筆で染めるんです。ほかにも飾りがついてますでしょ。生姜は三本立てといって三本使い、梅酢で赤く染めます。なぜ三本立てかというと、正月に家に弓を放つ三本立てからきています。輪切りにした柚子は菊の御紋に見立てたものです。ただし、なかの種子が切れないように切るというしきたりがあります」

さらに西村さんは続けた。

「おそらく全国的にもこういう形の神饌をおさめるというのはほかにないんじゃないかな。この形は祇園祭の鉾とも関係があるんですよ」

なんでも、この形は昔から村の宝とされた鉾にちなむのだそうだ。ああ、やっぱり。だからこんな独特な形をしているのか。さっき見た「長刀鉾」の形が重なる。形のもとになった「黒鉾」は、後小松天皇の御代に里人が御所造営に尽力したために御所からたまわったものだ。毎年祭礼でも祀られ、祇園会の巡幸に参加したこともあった。白川では宮座のことを「鉾」と呼ぶが、それも黒鉾にちなんでのことだ。

神饌の準備はかつて壱の鉾、弐の鉾、参の鉾と呼ばれる三つの宮座が担当した。しかし高齢化のために神饌を作る「盛り方衆」の手が足りなくなったことから、一九六三年（昭和三十八年）に北白川伝統文化保存会を立ち上げ、保存会が神饌作りを一手に担うようになった。

おつまみから味噌汁まで、高盛神饌は秋のフルコース

長生殿のなかでは神饌作りに使う材料の準備が始まっている。早速西村さんに説明してもらいながら、一つひとつを見せていただいた。台の上には小芋の高盛に使う芋が大きいものから順に並べられている。そうすることで、先がとがった円錐形を形作るためだ。形の選別作業は大事な下準備となる。

「小芋は蒸して竜頭を残すように皮をむきます。高盛はね、竜頭が螺旋状にあがらんとダメなんですよ」

桶には千切りにした大根が乾かされている。

「大根は大根なますの高盛に使います。細切りにした大根を乾かしてお酢をうって粘り気を出し、くっつきやすくなるようにします。刻みスルメ用のスルメも酒をうち、粘着力を出します」

玄関の横では銅鍋を火にかけて味噌を煮詰めている。先ほどのいい香りはここから漂ってきたものだったか。西村さんは水分を飛ばした味噌を餅のように丸めた「ベタ団子」を見せてくれた。

「この味噌は合わせ味噌です。量はだいたい七、八キロほど使います。小芋の高盛では土器に味噌を盛り、味噌を土台にして芋をつないでいきます。麹の粒が入った味噌だと芋を積みにくいので、粒が入らない味噌を特注で作ってもらいます。それを銅鍋で熱して水分を飛ばし、硬さが違うベタ団子を数種類作っておきます」

ほかにもサツマイモやナスなどの野菜、乾物のスルメ、魚のシイラも用意されている。しかし、この材料がどうやってあの円錐形の神饌になるのか、やはり全く想像がつかない。

夕方までに材料の準備を終えたみなさんは、いったん帰宅してからふたたび集合。夜八時からは高盛の積み上げにとりかかる。神饌作りの衣装は白の作務衣だ。もともとこの神饌作りは女人禁制で、結界を張ったなかに女性が入ることも見ることもかなわなかった。だが時代の流れから、現代では女性の見学も許可さ

れるようになったと聞いてほっとひと安心。私も少し離れたところから見学することにした。

高盛御供は江戸時代初期から作られているという。神饌作りを担当する男性たちを「盛り方衆」、運ぶ女性たちを「持ち方衆」と呼ぶ。「盛り方衆」はそれぞれ「芋積み方」「大根積み方」のように数人ずつグループに分かれて、作業を分担する。この日作る神饌は次のとおり。

①盛相《もっそう》
炊き上げたごはんを布に包んで丸く盛り上げ、三重の鏡餅のように形を作る。

②御酒桶
桶に濁り酒を入れ、その上にヘギに乗せた白豆腐、さらにその上にトビウオと箸を乗せる。

③御本膳
円錐形の高盛を三つ（小芋、刻みスルメ、大根なます）乗せる。高さもそれぞれ決まっている。

④シイラ
腹の部分が黄色くなるシイラは出世魚で、北陸では万作と呼ばれることから縁起を担ぐ。

⑤洗米

さらに近年、神社で昔から来客に出された茶菓子である「筆柿・栗・枝豆」も神饌に加わった。

「柿はお茶請け、枝豆は酒のアテです。トビウオの上に箸を置くのはトビウオが箸をくわえて、神様に飛んで運んでくれるようにとの意味があります。どうぞお召し上がりくださいという感じでしょうな」

西村さんが愉快そうに由来を教えてくれた。

昔は壱の鉾、弐の鉾、参の鉾から一つずつ高盛を奉納していた。御本膳高盛の作り方を一つずつ説明しよう。

「小芋」の高盛は赤い盆に味噌を盛って土台を作り、周囲に里芋を積み上げる。大きいものから順に積み上げることで円錐形を作り、小芋のあいだに味噌を詰めて固めていく。あいだに枝豆を飾り、硬い鰹節を折ったものも差し込む。上に鮭を切って丸く成型したもの、さらにその上に茄子を円錐形に切ったものを乗せる。

「刻みスルメ」の高盛は大根に竹ひごを差したものを台座に、酒で味付けした細切りのスルメを箸で巻き付けるようにひっかけて成形していく。

「大根なます」の高盛も同じく大根に竹ひごを差したものを台座にし、千切りにして酢を吹き付けた大根なますを巻き付けるように円錐形にかたどっていく。皮付きの

シイラの切り身を紙垂のように四方へ垂らし、紅く染めた三本立ての生姜を飾り、青柚子の輪切りも添える。

「大根とスルメは比較的簡単なんですよ。難しいのは小芋です。積み上げるのに朝方までかかります」

高盛の表面を飾る文様もそれぞれ決まっている。壱の鉾は兜、薙刀、三蓋松。これは将軍家綱公にちなんだものだ。弐の鉾は菊、葉葵、横二葉葵。葵は徳川将軍家、菊は照高院を表す。三の鉾は雄鹿と牝鹿を向かい合わせにしたものにもみじをちらす。こちらは奈良の春日大明神にちなむ。

見れば見るほどに珍しい神饌だ。宮家にもゆかりのある土地柄だからだろうか、色合いや飾りの文様にもどことなく上品さがある。ほれぼれしながら眺めていると、

「小芋の高盛は味噌汁を、大根なますは酢の物を、刻みスルメは焼き物を表したといいますね。いずれも調理済みなので、神事のあとにそのまま食べられるのも都合がよかったんでしょう」と西村さんが教えてくれた。そう考えると高盛御供は、神様に献上するのにふさわしい見た目の美しさと、そのまま食べられる料理としての利便性を兼ね備えた、とてもよく考えられた神饌といえるだろう。

使われる食材が神様の献立を考えて組み合わされているところも面白い。神様の食卓を想像してみよう。まずは枝豆をつまみに日本酒を。椀物は鮭の味噌汁、里芋・茄子も入って具だくさんだ。次は大根なますでサッパリと箸休めして、大盛りごはんと一緒に主菜の魚としてシイラの焼き物とトビウオを。最後は水菓子として柿と栗のデザートで締める。どうだろう、里・山・海からの収穫をたっぷり盛り込んだ季節感あふれる秋のごちそうじゃないか。いうなれば神様専用の会席料理、またはフルコースといったところだろうか。

神様のごはんを運ぶ花売り姿の献饌行列

翌朝、朝八時から高盛御供がおこなわれた。昔は空気が清浄な卯の刻（午前六時前後）からおこなわれていたという。例年ならば鳥居の前に張った結界が断ち切られると同時に、着物姿の女性たちが草履をぬいで足袋はだしになり、献饌行列を始める。行列は万世橋を渡って大鳥居をくぐって進み、山に向かって神饌を供えるという。だが、この日はあいにくの小雨。残念ながら高盛献饌は長生殿のなかでおこなわれることになった。

定刻になると、白川女の着物に身を包んだ女性たちが四人登場した。黒い着物に締めたえんじ色の帯には「舞、黒髪、宴」の文字が描かれる。

ご祈禱のあと、いよいよ献饌行列が始まった。頭に神饌を乗せた舟をいただき、女性たちがしずしずと歩き始める。一人目は「舞」の帯を締めた小学五年から六年の少女で、担ぐのは盛相だ。二人目は宴の帯を締めた未婚の女性で、御本膳となる里芋、大根なます、刻みスルメの高盛を運ぶ。同じ舟に白酒とトビウオ・白豆腐、シイラも乗るから、ずっしりと重そうだ。「黒髪」

の帯を締めた既婚の女性が三人目で、飯盆に新米三升を入れたものを運ぶ。四人目も「黒髪」の帯で、筆柿・栗・枝豆を運ぶ。

いったい何キロくらいあるのだろうか。高盛の舟なら、味噌だけでも五、六キロ、小芋が三キロ。トビウオとシイラの分も合わせると十五キロくらいか。慣れない現代の若者では首がもたないだろう。そこで保存会のみなさんが両脇に立って介添えをするのだが、神様に供えるものだから落としたら大変。見ているこちらもハラハラする。昔は介添えなしでひょいと運んでいたというから白川女たちに頭が下がる。日々重いものを運ぶことに慣れていた白川女からしたら、このくらいの重さは朝飯前だったのだろうか。

実はこの献饌行列は、昔は花嫁探しの場所でもあったらしい。たしかに、見目麗しく健康で働き者のお嫁さんを探すには絶好の機会だろう。想像してみると、この日を楽しみに待ちこがれる村の若者たちの姿が目に浮かんできた。

こうして無事にすべての神饌を神前に供え、高盛御供の献饌行事が終わった。帰る前に保存会のみなさんの記念写真を撮らせてもらった。保存会のメンバーである中

山修一さんがこう振り返る。

「僕らが子どもの頃は祭りの日程は十月二十三日と決まっていました。本来は肌寒い時期の祭りなので、神輿を担いでいても寒かったですね。たき火をたいて暖をとったほどでしたから。でもいまは日程が一カ月早まったので、暖かさで高盛の味噌が溶けやすくなってしまったんですよ。昨年なんか、高盛が崩れそうになりました。九月末いうたらまだ残暑やからなぁ」

旧暦から新暦への変化、祭りの日程の変化も、神饌作りに少なからず影響を与えているのだ。それでも保存会では味噌の硬さや乾燥方法を工夫しながら、古式を守ってきた。

「保存会が神饌作りを担当するようになって四十年ほどになります。われわれは〝みそつぎ三年、小芋積むのに五、六年〟と言いますが、作れるようになるまでにも経験が必要です。若い人にも伝えていきたいのですが、なかなか適任者がいない。これだけの内容ですから、興味がなければできないですよね。白川には鉄仙流白川踊りというのがありましてね、新選組の口上を言いながら踊るんです。それもわれわれが受け継いでいるんですよ」

西村さんが身振り手振りを交えて、やってみせてくれた。かつては白川村の三つの鉾組みで守った伝統が、いまは保存会のメンバーの手にかかっている。これから先はどのように受け継がれ、どのように変わっていくのだろうか。

供え方、運び方
――さまざまな祈りのかたち

これまで各地の神饌を紹介してきたが、神饌の供え方や運び方にもいろいろあることがおわかりだろう。供える場所としては、拝殿や中陣に供えるもの、第1章「若菜パワーで鬼退治――貴船神社の若菜神事（京都府京都市）」の貴船神社のように御内陣に供えるもの、庭積神饌といって境内の庭に積むように供えるものもある。さらに、民間の祭りとしては奥能登の「あえのこと」のように床の間に供えるものもある。運び方も、唐櫃に入れて運んだり、高盛のように人が頭の上に乗せて運んだりとさまざまだ。

頭上運搬する例としては、北白川天神宮のほかに、会津田島祇園祭の「七行器《ななほかい》」や熊本・阿蘇の「御田植神幸式（おんだ祭）」がある。なぜ神饌を頭の上に乗せて運ぶのか、その理由も地域によって違う。神聖な神饌に人間の息がかからないようにするためという説もあるし、神饌が神様によく見えるように高く盛り上げ頭上に乗せるという説もある。しかし、北白川の理由はまた違う。白川女が活躍した北白川では、重いものを頭上に乗せて運ぶのはごく自然なことだった。献饌をおこなうのは神職や男性であることが多いが、北白川の場合は女性が担当するのも、白川女の影響が大きいのだろう。

神饌研究で知られる民俗学者である岩井宏實先生（国立歴史民俗学博物館名誉教授）は愛知大学綜

合郷土研究所主催「第二回東海地方の海里山の食文化研究シンポジウム」のなかで、本来は神饌の調理や献供は女性の役目だったと語っている。いつ頃から神饌調理や献饌で女人禁制が一般的になったのかはわからないが、北白川のように女性が運ぶものが古式の姿らしい。

赤い盆に里芋を盛り上げるといえば、第3章「里芋の神饌を担いで氏神様へ——茂名の里芋祭り（千葉県館山市）」で取り上げた茂名の「里芋祭り」がある。だが、高盛は円錐形、里芋祭りの神饌は真ん中が膨らんだ形だ。これは、なんらかの原型があって、伝播した先でその土地の伝承に合わせて形を変えていったものなのだろうか。興味は尽きない。

高盛御供は形の珍しさや色味の美しさも特徴的だが、同じように美しい神饌として奈良・談山神社の嘉吉祭《かきつさい》で献饌される「百味御食」がある。こちらは氏子らが一週間かけて用意する手の込んだ神饌だ。鮮やかに彩色したもち米で文様を描き、柿や零余子《むかご》、ほおずきなどさまざまな木の実を盛り上げ、秋の実りで芸術的な捧げ物を作り上げる。百味御食には円柱形の神饌が多いが、これは神様によく見えるようにと高く盛るからだろうか。それともこの形には秘められた何かがあるのか……。

供え方、運び方、使う食材、調理の仕方、形……。各地に伝わる神饌にはさまざまなバリエーションがある。だが、すべてに共通するのは、季節の恵みを最良の方法で調理して捧げようとする心遣いだ。旬のものを、より美しく、より丁寧に、より手間ひまをかけて。そのための心遣いが神饌のはしばしにまで満ちている。

高盛御供でも、小芋の大きさや味噌の硬さ、飾りの文様まで、一つひとつに意味がある。神饌に込められた微細なこだわりに、無駄なものは何ひとつない。

高盛御供

開催日時：10月第1日曜日

開催場所：北白川天神宮

住所：606-8283 京都府京都市左京区北白川仕伏町42-1

電話番号：075-781-8488

第8章

神々のお膳を運び行列がいく

……吉備津神社の七十《しちじゅう》五《ご》膳据《ぜんすえ》神事（岡山県岡山市）

日本では、特定の宗教をもたない人がほとんどだという。よくいわれるのは、盆は墓参り、七五三は神社に参拝、キリスト生誕の日を祝うクリスマスにはパーティー、葬式は仏式で……といろいろな宗教行事がごちゃまぜになっているのが当たり前だということ。海外の方から見ると不思議な光景なのだろうが、こうやっていろいろなものを排除せずに受け入れてきたのが日本人なのだろうと思う。

そんななか、正月だけは神社に初詣に行く人が多い。ある年の初詣で参拝を待つ行列に並んでいると、背後からああでもないこうでもないと悩む声が聞こえる。思わず聞き耳を立てると、小さな子ども連れの若いお父さんとお母さんが「お辞儀するんだっけ？　拍手は何回？」と思案中。子どもは目をまん丸にして父母の顔を見上げている。年に一回の参拝ではわからなくても無理はないよな。どうするのかな。「二拝二拍手一拝ですよ」と口を挟みたくなるが、そんなのやぼってものだ。やきもきしていたら、お父さんがスマートフォンで参拝作法を検索し始めた。ああよかった、これで無事にお参りできるはず。人知れずホッと胸をなでおろす。

神社の参拝作法にはさまざまな決まりがある。形式的な作法にいったいなんの意味があるのかと思うかもしれない。が、これはすべて神様への心を表しているといえば、納得してもらえるのではないだろうか。

神社にお参りするときはまず軽く一礼してから鳥居をくぐり、境内に入ったら手水をとる。手水は神様にお参りする前に身を清めるためで、正式には海水や水をかぶって罪や穢れを祓う禊を簡略化したものだ。神様の通り道である「正中」を歩くことは避け、祝詞が奏上されるあいだは頭を低くする。これも神様に礼儀を尽くすため。こういうふうに参拝作法には神様を敬う気持ちが表されている。

神饌も同じだ。調理の仕方、供え方、盛り付ける器、食材でかたどる形状……。あらゆるところに、神様を敬ううえでの作法がある。丁寧に心を込めて調理にあたるのはいうまでもない。神道では清らかであることを大切にするため、神饌に人間の息が吹きかからないようにマスクをすることもある。また、神様は血と死の穢れを嫌うという考えから、調理する場所を女人禁制としたり、身内に不幸があった人は調理の担当をはずれたりもする。これはできるかぎり清浄な供物を神様に捧げようとする心によるものだろう。

神饌の「数」の多さで神様への感謝を表すこともある。人間だって大切なお客様を招くときはたくさんの料理を用意するわけだから、神様に対してはなおさらだ。たとえば前述した奈良・談山神社の嘉吉祭で供えられる「百味御食」もそうだ。祭りに向けて氏子たちは約一週間かけてたくさんの神饌を準備する。「百味」といっても神饌や食材がちょうど「百」あるわけではない。『無量寿経随聞講録』（義山、一七六六年）に「百味とは是大数に訳す」と記されているとおり、「百味」とはもともと仏教用語で「たくさんのごちそう」を意味する言葉らしい。ここで大事なのは「たくさんの」ということ。秋の実りを集めてできるかぎり多くの神饌を神様に捧げることで、心からの祈りを表そうとしたのだろう。

「百味」と同じようなたくさんのお膳を供える神饌として「七十五膳」を供える神事も各地に伝

わる。いま残っているものは四国・中国に多いが、古い史料には群馬県など関東でもおこなわれた記録もあるので、全国に点在していたと思われる。栃木県の日光東照宮では、現在も秋季大祭のなかで三品立て七十五膳が供えられるという。

七十五膳のなかでもとりわけ規模が大きいものに、岡山県・吉備津神社の七十《しちじゅう》五《ご》膳《ぜん》据《すえ》神事《しんじ》がある。神事は五月第二日曜日の春季大祭と十月第二日曜日の秋季大祭のなかでおこなわれ、百数十人にのぼる神職や氏子が神様の食事を乗せたお膳を持って行列し、一つひとつを手渡しで神前へ献供する。すべてのお膳を供え終えるまでに実に一時間以上もかかる大掛かりな神事だ。いったいどんな神饌が供えられるのだろう。それに、なぜ七十五膳なのか。その謎に迫るため、私はよく晴れた秋の日、秋季大祭がおこなわれる吉備津神社を訪ねることにした。

『桃太郎』のモデルになった温羅伝説とは

神の山とされる吉備中山の麓に鎮座する吉備津神社は、大吉備津彦命を主祭神とする吉備国一宮だ。大吉備津彦命は、『日本書紀』では大和朝廷が諸国平定のために派遣した皇族将軍である四道将軍のひとりに数えられ、『古事記』には大吉備津彦命の名で登場する神様。吉備津神社には大吉備津彦命のほかに、その兄弟子孫にあたる一族八柱が祀られ、摂社や末社まで合わせると七十以上の神様が祀られている。

ところで、ここ吉備津神社はある昔話と深い関わりがあるのをご存じだろうか。それは、「桃太郎さん、桃太郎さん　お腰につけた黍団子、一つ私にくださいな」のわらべうたでも有名な『桃太郎』の話だ。どんぶらこっこ、どんぶらこと川を流れてきた桃を、おじいさんとおばあさんが拾ったところ、あら不思議。桃から元気な男の子が生まれた。桃太郎と名づけられた男の子はやがて成長し、犬、猿、キジを従えて鬼退治に出かける。

では、この桃太郎伝説の舞台はどこだったのか。実は舞台だったとされる場所は全国各地にあり、岡山県にはとくにゆかりの土地が多い。なかでも吉備津神社はその有力候補とされる場所なのだ。なぜかというと、吉備津には桃太郎伝説のもとになったと考えられる「温羅《うら》伝説」が伝わっているから。その温羅伝説とは次のようなものだ。

温羅は異国から空を飛んでやってきた百済の王子だったともいわれ、赤く燃える髪と、狼のように輝く目をもっていた。温羅は山に城を作り、舟や婦女子を襲ったので、この山は「鬼の城」として恐れられた。温羅を征伐するために朝廷は武将を派遣したが、征伐することができなかった。続いて彦五十狭芹彦命《ひこいさせりひこのみこと》が派遣された。だが、彦五十狭芹彦命が矢を射っても、温羅が投げた石とぶつかって空中で落ちてしまう。そこで彦五十狭芹彦命が神力をもって一度に二本の矢を射たところ、ついに一本の矢が温羅の左目を射抜いた。目から流れた血で川は赤く染まった。温羅はキジに姿を変えて山に逃げたが、彦五十狭芹彦命は鷹となって追いかけた。つかまりそうになると温羅は鯉に姿を変え、流れた血でできた血吸川のなかに逃げた。ついに川中で鷹にくわえ上げられた温羅は降参し「吉備冠者」の名を命《みこと》に差し上げたので、彦五十狭芹彦命が大吉備津彦命と呼ばれるようになった。

なんて壮大にして幻想的なストーリーなんだろう。しかも、吉備津神社の周りには伝説を裏づけるかのように温羅にちなんだ史跡が残っているのだ。たとえば温羅のすみかと伝わる「鬼ノ城《きじょう》跡」。ここには朝鮮式山城の石積みが残っていて、この地に半島から渡来した民がいたことを裏づける。鬼ノ城は桃太郎の鬼ヶ城のモデルとも考えられている。さらに温羅の血で赤く染まったとされる血吸川も実在する。命が射た矢が落ちたとされる場所には矢喰神社があり、鯉になった温羅を命がくわえ上げたところには鯉喰神社がある。極め付きは、吉備津神社には吉凶を占う鳴釜神事で有名な御竈殿があるが、この下には温羅の首が埋まっているという。

赤い髪と恐ろしい目といえば鬼をイメージするし、悪事を尽くして英雄にこらしめられるというのも桃太郎の鬼と同じだ。それにまさか昔話でおなじみの「鬼が城」が実在するとは。伝説の背景を想像すると、大陸から渡来して権力をもった者に対するヤマト王権側からの制圧劇があり、その事実を正当化するために神話が作られたのだろうかと考えてしまう。それにしても、これだけ舞台装置がそろっている土地とあらば、旅人としてはロマンをかきたてられる。よし、桃太郎伝説の舞台を歩いてみよう。

JR桃太郎線（吉備線）の吉備津駅で降りると、周囲には豊かな緑とのどかな田園風景が広がる。吉備中山を目指し、参道入り口から立派な松並木を進むと、どこからか神輿のお囃子が聞こえてきた。見渡せば田んぼの稲はたわわに実っている。きっと収穫の日も近い。

北随神門をくぐり急勾配の階段を上ると、どっしりとした立派な社殿が現れた。比翼入母屋造りの拝殿・本殿は一九五二年（昭和二十七年）には国宝に指定され、神社建築としては国内有数の美しさを誇るともいわれるもの。屋根が二つ並んだような形で、全国でもここと、千葉の法華経寺祖師堂に改築されたものと、二つしかない珍しい建築様式だという。拝殿横からは約三百九十八メートルにわたる長い廻廊が伸び、廻廊の端には神饌調理の場となる御供殿がある。廻廊のなかほどには温羅の首

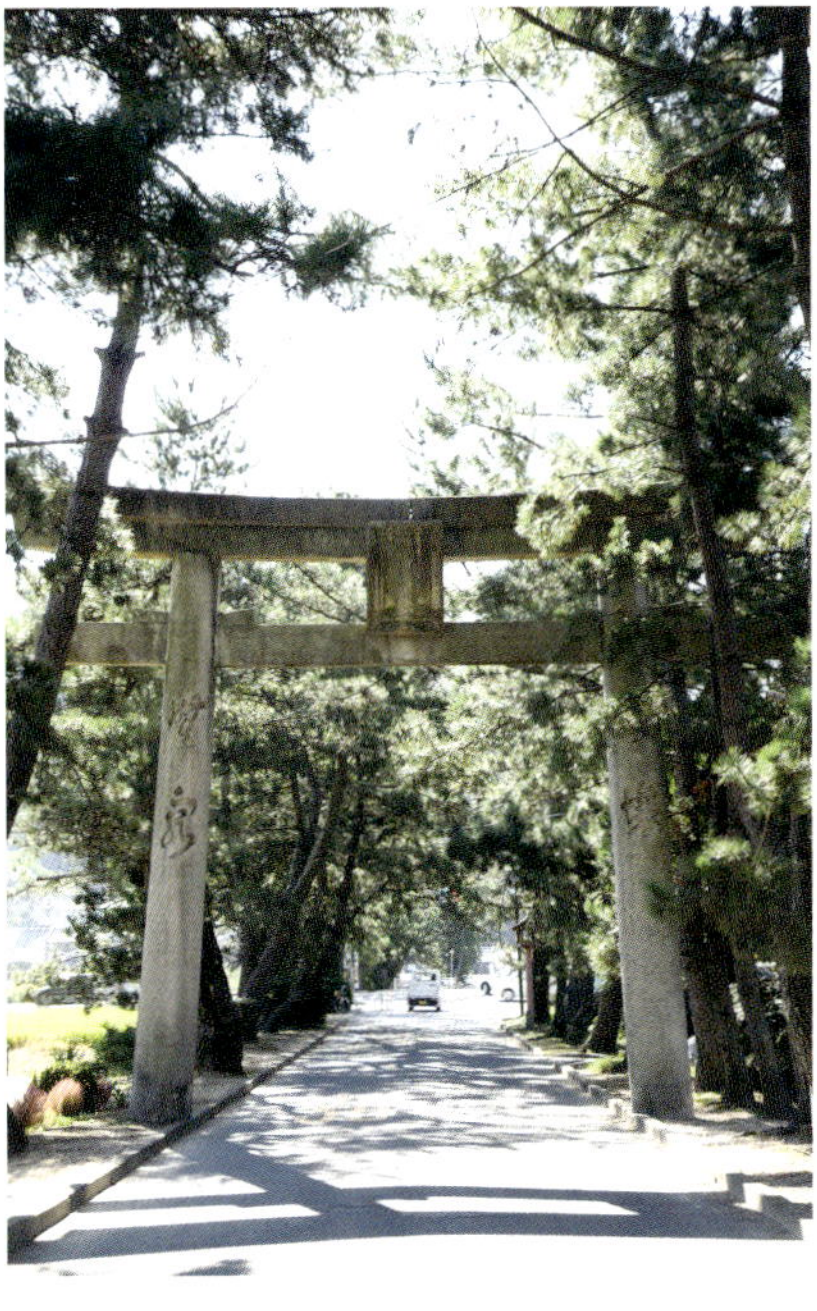

が埋まっているという御竈殿があり、こちらも八〇年（昭和五十五年）に国重要文化財に指定された。国宝級の文化財も豊富な神社だ。さて、七十五膳据神事の行列は御供殿から廻廊を上ってくるというから、上りきったあたりで待つことにしようか。

南随神門の近くで神事が始まるのを待ちながら眼下の街並みを眺めていると、地元の方が声をかけてきてくれた。長年神事の録音係を務めているという岡田陽一さんだ。

「右側に見える山が鬼ノ城です。向こうの山には旧山陽道が通っています、豊臣秀吉が信長の死を知って猛スピードでとって返したという〝中国大返し〟の舞台とされるところですね。吉備津には大陸から人々が渡来しましたが、彼らが製鉄技術を伝えたために鋳物も盛んでした。血吸川の水は鉄分が多いので、昔は川底が赤く錆びていたんですよ。〝温羅の血で川が赤く染まった〟という伝説が生まれたのは、このためでしょうね。温羅の首が埋まっているとされる御竈殿の釜も鋳物で作られています。近隣には阿曽の郷という鋳物が盛んな土地があり、阿曽の郷の人々が六十年に一度御釜を鋳造し、交換する役目を担当しました。御竈殿でおこなわれる鳴釜神事に奉仕する女性のことを阿曽女《あぞめ》と呼ぶのもここからきとるんでしょう」

鬼の城に、鬼の血に、鬼の首か……。いささか物騒ではある

が、眼下に広がるうららかな風景も温羅伝説を想像しながら見渡すと異形の鬼退治の舞台に早変わりするから面白い。古代が温羅退治なら、戦国時代は中国大返し、江戸時代末期にはのちに政治家として活躍する犬養毅もこの町で生まれたのだとか。この地は長きにわたり歴史の舞台だったらしい。

土地に長い歴史があるように、今日おこなわれる七十五膳据神事にもこれまた長い歴史がある。一五〇八年（永正五年）筆写の秋季祭礼の記録に御贄が進上される様子が記してあるというから、室町時代半ばにはすでに原型となる行事があったらしい。江戸時代には「大神事」「大饗会」として、大吉備津彦命の凱旋行列の再現としておこなわれていたという。歴史ある献饌行列を見るのが楽しみだが、その前に神饌の調理がおこなわれる御供殿を訪ねることにした。

お膳の上に表現された自然界のことわり

御供殿に行くと、七十五膳据神事で神饌の調理を担当する神饌調理役のみなさんが集まっていて、代表の坂田富司さんが出迎えてくれた。御供殿は本来女人禁制なのだが、特別に少し見学させてもらえると聞き、恐る恐るなかに入った。神饌調理役のみなさんは祭りの前日から準備を始めるそうで、すでに御供殿にはたくさんの神饌が完成し、「オオイ」と呼ばれる青い網状の蓋がかぶせられ、神事が始まるのを待っていた。

「これが御本膳のなかでも最も重要な大膳です。吉備津神社の五七桐紋が入った漆の膳に桧の葉を細かく敷き詰めて、その上に御盛相と海のもの、山のものを乗せます。御盛相の米には春は白米、秋は玄米を使い、蒸した米を円錐形の桧の木型に入れ、搗き固めます。御祭神はお米が大好

きといわれますから、二の膳には御盛相だけを二つ乗せたものも用意します。これは神様のためのおかわりだといわれます。

海のものとして、大膳に鯛、ほかの膳にアジを使い、昆布と海苔も乗せます。山のものは春秋で少し変わりますが、春は筍、エンドウなど、秋は大根、生姜、キノコ類、栗などを使います。キノコは大膳が松茸、ほかは椎茸です。箸はしなやかで成長力がある柳で作ります。

六角台の高坏には地元の御菓子である大手まんぢゅうや季節の果物を乗せます。鏡餅、御神酒、熨斗を乗せた膳もあり、大膳よりも小さな平膳は七十五以上あります。

大膳の配膳の仕方を見てみてください。お膳の上にひとつの世界を表しているんでしょうね。木の上になるもの、地上にはえるもの、地中になるものが、それぞれにふさわしい位置に置かれていますでしょう？　神饌は自然を供えるものですから、お膳の上にも自然界を表したのでしょう」

本当だ。御膳を自然界に見立てると、海中には魚が、地中には根菜が。地からニョキニョキと野菜やキノコがはえ、高いところに木の実がなっている。米を主食とする日本人ならではの視点だと思われるが、中心にくるのはやはり米だ。お膳の上に人を取り巻く自然と食が描かれているようで、自然の恵みを供えいただくという営みがストンと腑に落ちる。

坂田富司さんにお礼を言って廻廊の上に戻った私は、ふたたび南随神門の近くで伝供行列を待った。十一時を過ぎた頃、遠くから行列が近づいてきた。榊をゆっくりと左右に振りながら先導するのは祭員を務める神職。その後ろから神宝類を持った随員、斎員が続く。行列は随神門で一度止まり、随神門の神様に神職が祝詞を奏上。それからふたたび動きだし、拝殿へと進んだ。

手に手に神宝を持った人々が目の前を通り過ぎていく様子は、実に見事だ。供奉する方の多くは吉備津神社の氏子と吉備津講の講員の方々で、なかには小さな子どもの姿もある。天狗面、獅子頭、御幣、榊、鉄砲、鳥籠持ちの童女、楯、鉾、弓、矢、大太刀、小太刀、五色旗、御幣物、剣、御冠、祝詞筥……と神宝類が順番に続いたあと、いよいよ神様のお膳が運ばれる。お膳担当の方々はみな紙製のマスクをつける決まりだ。大膳、高坏、神酒、鏡餅、果物、菓子、幣帛、熨斗、高坏、平膳の順に、おびただしい数の神饌が本殿へと運ばれていった。

拝殿では本殿へ続く階段部分に伝供役が二人一組で並び、本殿の入り口に並んだ神職へ、一膳ずつ手渡しで神饌を伝供していく。拝殿の入り口からたくさんのお膳がすると手渡しで神前まで送られる。まるで歴史絵巻でも見ているかのようだ。神饌はその後、本殿のなかで吉備津神社に祀られる神様それぞれに供えるという。

長い時間をかけて神様への神饌伝供が終わった。すべての神饌を供えたあとに祭典が斎行され、その後参集殿で直会がおこなわれるという。

125　第8章●神々のお膳を運び行列がいく………吉備津神社の七十五膳据神事

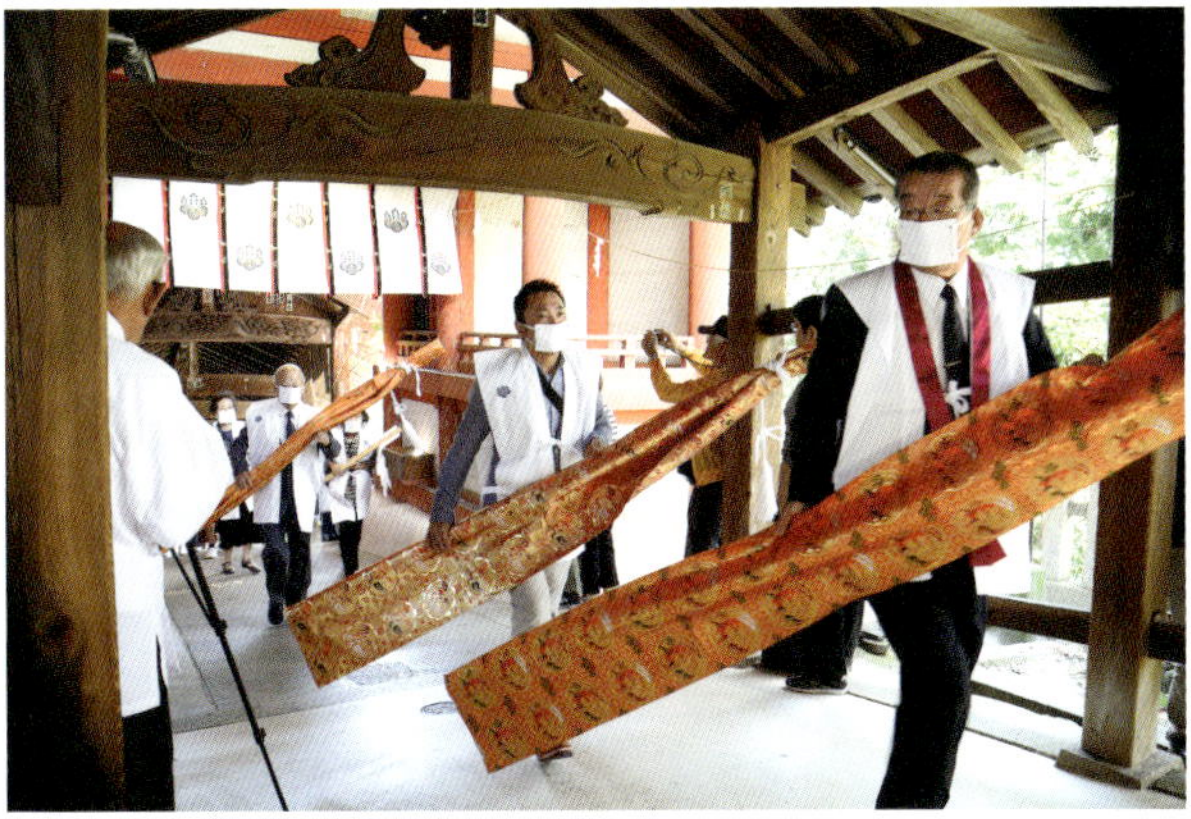

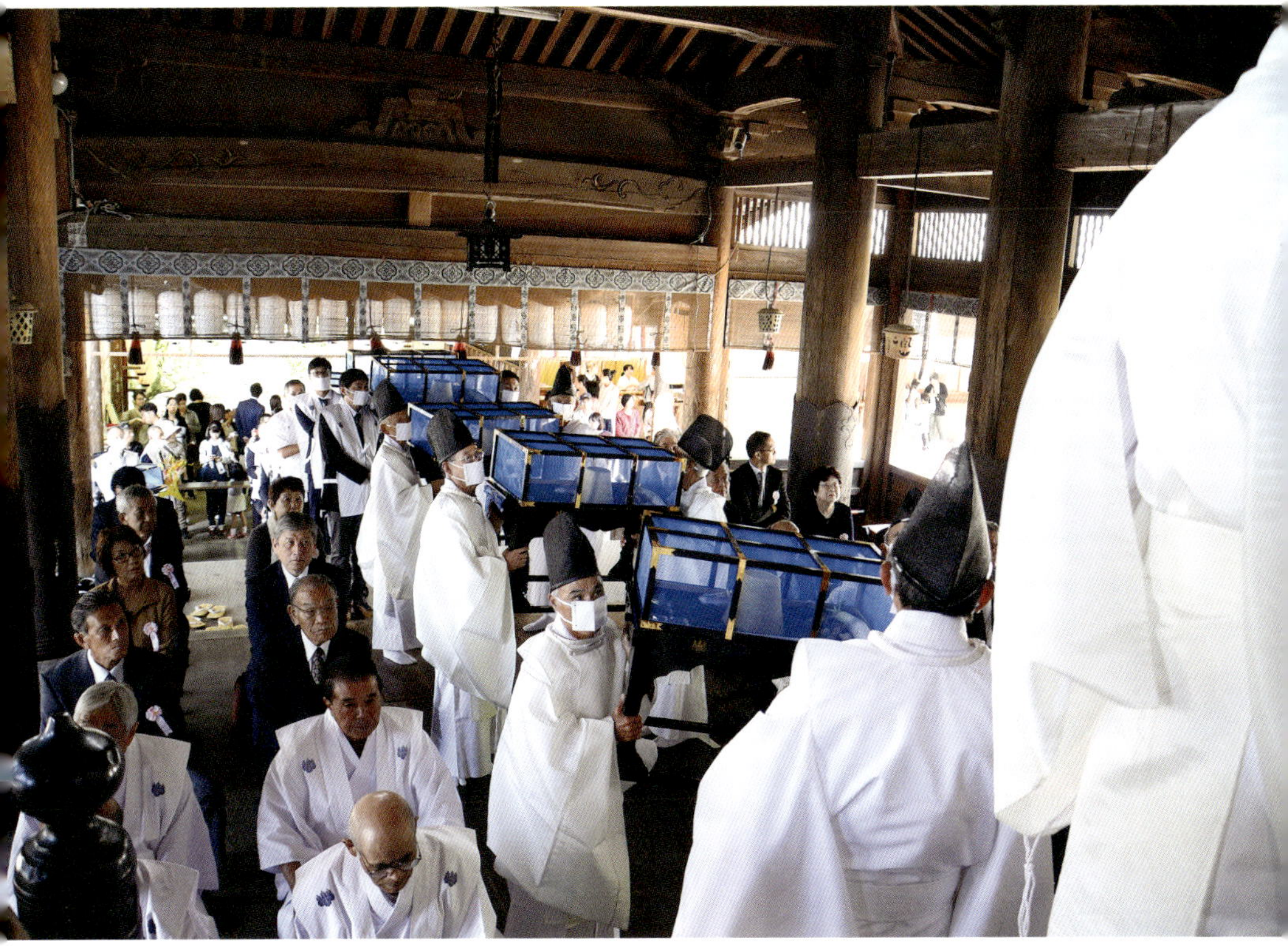

吉備津宮

祈願トンネル
学問・芸能の神様
一童社
若連中

七十五に込められた意味
――神饌に見る数の不思議

さて、見学を終えてもなお気になるのは、やはり「七十五」という数字のことだ。なぜ「七十五膳」というのだろう。吉備津神社では周辺の七十五の村々からお膳が献上されたからという説、最大吉数八十一の次の吉数である七十五からきているという説と、神座数が七十五あり一膳ずつ献供するためという説が伝わっているらしい。やはり七十五という数の謎はあまたの研究者の興味を引いてきたらしく、ほかにもさまざまな説があるようだ。

私が最初に気になったのは、七や五が奇数であるということ。日本では陰陽五行説を背景に、奇数を縁起がいい数「陽数」であるとする信仰があった。一月七日、三月三日、五月五日、七月七日、九月九日の五節句が重要視されたのも陽数信仰があったからだ。

奇数が特別な意味をもつという例はほかにもいろいろなものがある。身近な例では、正月のおせちがそうで、お重に入れる料理の数は奇数になるようにする。年中行事の七五三も七・五・三を重要視する。各地の祭礼では神輿入れを七・五・三の数とかける例もあるという。

民俗学の基礎を築いたとされる折口信夫は「数が多いということを五・七・八などで表す。五・七・八は、日本の数の観念の進んだ経路を見せている。で、数詞だが、非常に多いということになる」（折口博士記念古代研究所編「祈年祭」祝詞語釈・八束穂能伊加志穂爾、『折口信夫全集 ノート編』第九巻、中央公論社、一九七一年）と記している。この説にのっとれば、七十五膳の「七十五」は「百味」と同様に「数が多い」ことの表し方とも読み取れるという。

さらに、もともとは末社摂社の百二十八社の神々に捧げていたが、末社へ一つひとつ供えて回っていたのでは時間がかかるから、本殿へ末社の神々に集まってもらってお供えした。それがだんだんに数が減って七十五膳になったとする説もある。つまり、本来はもっと多くのお膳を供えるものだったが、効率化のために最終的に七十五に落ち着いたという説だ。

七十五の謎、深まるばかり。ほかにも仏教由来説など諸説があり、数そのものの意味はいまだ解き明かされていないようだ。でもやはり、神様に供えるお膳を七十五とすることにも何かしらの意味が秘められていたと考えてしまう。

数だけではなく、調理にも、運び方や供え方にも、手を尽くし、心を尽くして捧げられる神饌。「特別であること」の表し方にもいろいろな方法があるが、供える人々の心がここから見えてくるようだ。

七十五膳据神事

開催日時：5月と10月の第２日曜日（大祭の献饌行事として斎行）

開催場所：吉備津神社

住所：701-1341 岡山県岡山市北区吉備津931

電話番号：086-287-4111

第9章

八百年続く神と人の宴

宗像大社の古式祭

（福岡県宗像市）

神々の食を考えるとき、神様に供物を捧げる「献饌」と対になって重要な意味をもつのが「直会」だ。直会とは、祭りのあとに参加者が集まり神様に供えた神饌のお下がりをいただくこと。供物には神様の力が備わる。そして撤下された神饌をみんなで食すことは、神様の力をいただくことにつながる。供え、食し、一つになる。いにしえの人々はそう考えたのだ。「直会」という言葉の由来には「なおりあう」という意味もあるともいう。祭りという非日常から日常に戻るためのプロセスとしても、直会は重要だった。

各地の祭りや神事にともなう直会のなかでも、福岡・宗像大社でおこなわれる古式祭の「御《お》座《ざ》」はとくに規模が大きい。毎年十二月十五日に近い日曜日の早朝、神様と人間がともに食事をいただき、一年の喜びを分かち合う。「神人共食」「神人和楽」と呼ばれる営みだ。さらに御座には、氏子だけでなく一般の人も誰でも参加できるというのも珍しい。一回の御座に五十人が参加できるが、例年五番座または六番座まで開催されるという。毎年三百人近い人が神と人の宴で収穫に感謝し、恵みを味わうのだ。

宗像大社は天照大神と須佐之男命の誓約《うけい》によって誕生した三女神を祀り、沖津宮、中津宮、辺津宮の三社からなる。「『神宿る島』宗像・沖ノ島と関連遺産群」として世界遺産にも登録された古社だ。中津宮は宗像市の神湊から船で二十五分ほどの大島にあり、沖津宮は中津宮からさらに北西へ約五十キロ、宗像から朝鮮半島・釜山を結ぶ海上の沖ノ島にある。沖ノ島は四世紀後半から九世紀末にかけて大和朝廷によって祭祀がおこなわれた祈りの島である。

三宮のうち、辺津宮だけは内陸にある。宗像市田島にあるため古くは田島宮と呼ばれ、田島地区の人々からは氏神としても崇敬されてきた。古式祭はもともとこの田島地区の地域住民によって収穫感謝祭としておこなわれてきた祭りだった。

祭りはかつて旧暦十一月十五日におこなわれ、『筑前国続風土記附録』（加藤一純／鷹取周成編、一七九三年）には宗像祭の名前で登場する。現在は十二月十五日に近い日曜日に宗像大社を会場としておこなわれるようになったが、御座用の料理の準備はいまも田島地区の八つの組が毎年交替で当番を担当する。

九年母、菱餅、ゲバサモが神様の御菓子に

古式祭では「ゲバサモ、九年母《くねんぼ》、菱餅」の三食材を使った「御菓子」と呼ばれる特殊神饌を神様に供える。聞き慣れない名前の九年母とはミカンの原種とされる柑橘類、菱餅は文字どおり餅を菱形にかたどったものだ。御菓子の中心に据えられるのはホンダワラ属のゲバサモ。一般的にはアカモクの名前で知られる海藻だ。大島周辺でいまもとれ、宗像の特産品として知られる。地域によってはギバサとも呼ばれるが、ゆでて刻むと強い粘りが出て、ポン酢あえで食べるとおいしい。ネバネバ食材同士相性がいいのだろうか、納豆とあえてもいける。最近は能登や鎌倉でもアカモクを特産品として推しているし、アカモクの酢の物は居酒屋の突き出しにもときどきお目

見えするので、名前を知らなくとも食べたことがある人は多いだろう。

辺津宮の近くには釣川が流れているが、ゲバサモはかつて釣川の河口に近い江口浜でとったものを献上していた。現在でも神饌用のゲバサモは江口の住人が用意し、祭り前日に届けられる。神様への神饌には生のまま、そして御座で人々が食べる料理にはゲバサモをゆでて味噌あえにしたものを使う。

ところで、ホンダワラ属の海藻がよく神饌に登場するのはなぜなのだろう。私がこれまで訪ねた祭りでは、滋賀・老杉神社のエトエトでホンダワラ属の海藻・銀葉草を使って餅を作っていたし、宮城・鹽竈神社の藻塩焼神事では塩作りの材料にホンダワラ属の和名ホンダワラを使っていた。古式祭のゲバサモもホンダワラ属だ。なぜホンダワラがこんなによく使われるのか。海藻と神饌の関わりについても、興味がわいてくる。確かめるためにも古式祭に参加してみたい。私

は二〇一八年の暮れ、宗像を目指した。

実は、宗像大社がある福岡・北九州エリアは自分のルーツにも近い場所。父の故郷が福岡で、祖母が元気な頃には年に一度はこのあたりを訪れていた。そのせいか小倉から在来線に乗り換えると、急に懐かしさが込み上げてきた。電車のあちこちから聞き慣れた訛りが聞こえてくる。ふと、いまは亡き祖母の面影が浮かんだ。

生命力がカギ？ ゲバサモに込められた祈り

ＪＲ東郷駅から辺津宮までは車で十分ほど。社務所を訪ねると、宗像大社の広報担当・鈴木祥裕さんが話を聞かせてくれた。

「古式祭は地域のお祭りで、一年の収穫感謝祭として昔から地元の方が神饌を準備してきました。ですが、過疎化や高齢化によって地元の方だけではつないでいけないということで古式祭御座保存会が作られ、宗像大社を中心に残していこうということになりました。海の神様というイメージが強い宗像大社ですが、ここ辺津宮は内陸にあります。海、山、里に囲まれているので、海のゲバサモ、山の九年母、里の米をお供えしたのではないでしょうか」

ゲバサモは大島行きの港がある神湊に近い江口地区の人々が用意する。何日もかけて海でいいものを探し、祭り前日に宗像大社に届ける習わしだ。かつては江口浜でとったが、近年は、福津市の勝浦海岸までとりにいっているそうだ。早速、江口から届いたばかりのゲバサモを見せてもらった。まだぬらぬらと光る茶褐色の海藻の、茎にはところどころプチプチと実のようなものがついている。小さい頃にお手玉を作るためにジュズダマという植物の実を探したものだが、あのジュズダマにちょっと似ているような。

それにしても、なぜゲバサモを使うようになったのだろうか。

「古式祭は八百年前から続くとされます。文献が残っているわけではないので推測ですが、ゲバサモに栄養があることを昔の人は知っていたんでしょうね。辺津宮は内陸にあります。海藻には内地では得られないミネラルや塩分などが含まれていたのではないでしょうか。またゲバサモは繁殖力が強く、埋め立て地のような港湾付近でもどんどん繁殖します。生命力、繁殖力の強さも理由でしょう。神様にお供えするということには、何かしら意味があるはずですから」と鈴木さん。

「藻類」第五十七巻第一号（日本藻類学会編、日本藻類学会、二〇〇九年）所収の木村光子・濱田仁「民俗学藻類の旅「宗像大社の古式祭とアカモク」」には、「ホンダワラ類には米粒に似た気泡があって、五穀、とくに稲の豊穣を祈って飾る習慣がある」と書かれている。いわれてみれば、このプチプチ、米のようにも見える。さらに、ホンダワラ類に含まれるカリウムやミネラル分が作物の生育をよくしたことから、肥料としても利用されてきたらしい。米がよく実るように――。こんなところにまでまじないが込められていることに驚く。強い生命力をもち、作物を成長させる力もあったゲバサモ。だからこそ、特別な力があると考えられて、神様へのお供えに用いられたのだろうか。

一方、九年母はかつて吉田地区から届けられたが、いまは境内に九年母の樹を植えてその実を使うようになった。菱餅もかつては多禮地区が用意したが、いまは宗像大社が準備する。

境内の九年母の樹も見せてもらった。前日までは枝もたわわになっていたという実が、完熟してすでに木の下に落ちている。まさにいまが旬なのだろう。

次に神饌作り中の建物に行くと、おや、先客がいらっしゃる。九州産業大学の末松剛教授だ。

宗像市の市史編纂のために古式祭の調査をしているということなので、私も一緒に見学させてもらうことにした。

御菓子の材料は九年母、菱餅、ゲバサモ、ウラジロ、藁。まずは折敷《おしき》の四隅に藁を半紙で巻いて筒状にしたものを据えて御菓子台とし、半月に切った九年母と菱餅を竹串に挟み、藁の台座に差していく。最後にシダのウラジロを飾り、中央にゲバサモを置けば完成だ。昔はここにノシアワビも差していた。できあがった御菓子は九年母の橙色と菱餅の白、竹の緑が色鮮やかでまるで生け花のようだ。あたりがパッと華やかになる。

一方、女性たちは御座用の料理作りに忙しい。調理がおこなわれる小屋を訪ねると、あたり一面に煮しめのいい香りが漂っている。小屋のなかでは片脇の女性たちが総出で、なます、煮しめ、田楽用の味噌を準備している。ダシの香りを嗅ぐと、またまた懐かしさが込み上げた。このにおい、よく知っている。きっと小さい頃に祖母の家で食べたあの

味に近いにちがいない。よく味が染みた「がめ煮」を想像していたら、おなかがグーッと鳴った。

神と人とがともに味わう 古式祭の御座

古式祭当日の朝は早い。片脇のみなさんは明け方四時半から準備を始めるということで、私も早朝の神社に出向いた。神饌作りは夜中からおこなわれることが多いので、取材を重ねるうちにこうして真っ暗な境内を歩くことにもずいぶん慣れてきた。昨日の小屋には灯りがともり、またもやおいしそうな香りが漂ってくる。御座までにごはんを炊き、味噌汁と田楽を作り……と、女性陣は今日も大忙しだ。一方、片脇代表の男性たち六人は前の晩から大社に泊まり込み、朝は潔斎して身を清め、御座に臨む。

五時を過ぎると、一般の参加者もポツポツと集まり始めた。御座券は一人一枚千円で、受け付け順だ。一番座には神様に供えた供物のお下がりそのものが使われるとあって人気が高く、一番座ねらいの人は早めに来るらしい。

六時、本殿と拝殿で祭典が始まった。ぐっと冷え込んだ境内に、厳かで凛とした空気が漂う。祭典には田島区長、氏子総代会長と並び、江口地区から区長と当番代表が参加する。江口地区の代表二人は一番座で祓主とともに上座に敷かれた新筵に座ることになっているというから、ゲバサモを供出する役目は大役なのだろう。

神事では全員で古歌を奉唱する。

千早振る第一の宮の木綿襷《ゆふだすき》　掛けての後は楽しかりけり
千早振る第二の宮の木綿襷　掛けての後は楽しかりけり
千早振る第三の宮の木綿襷　掛けての後は楽しかりけり

この古歌は吉野時代に詠まれ、神人和楽の境地を表したもの。第一の宮から第三の宮とは宗像三女神をお祀りするお宮のこと。木綿襷とは木綿で作った襷のことで、神職が神事の際に用いるものだ。神饌は宗像三女神それぞれに献饌され、神事のあとに撤下される。そのうちひとつが御座の祭壇に捧げられる。この古歌のように神事のあとには直会がおこなわれるということが、吉野時代から続いてきたのだろう。

そして六時半、いよいよ御座が始まった。太鼓の音とともに座が開き、修祓のあとは幣引《へいびき》。私は初めてこれを経験したが、当番班が幣を持って参加者の後頭部に触れるようにして一巡し、清めて回る。そしていよいよ神様との宴の始まりだ。御神酒として地元の甘酒を飲み、供物をいただく食事の時間。

膳付け（お品書き）は「飯、味噌汁、田楽、ナマス、煮付け、菓子」。当番は参加者一人ひとりに桶から味噌汁を注ぎ、ゲバサモを配って回る。桶から汁をついでもらうなんてまるで『まんが日本昔ばなし』（毎日放送）のワンシーンみたい。ジャッとダイナミックに注がれた汁を味わうだけでワクワクするから不思議だ。御神酒は地元・赤間の甘酒を使う。箸は神様にお供えするものが柳箸で、人間のものは栗箸を使

う。柳は京都・上賀茂神社で神具を入れる「柳筥《やないばこ》」にも使われたように特別な木であり、栗も次章で紹介する「あえのこと」でも使われているように祝い箸に使う習慣があった。お膳の左上には御幣とお守り、それに撤下した神饌から菱餅、ごはん、ゲバサモが置かれる。御幣は神様の依り代の意味をもつので、目の前のお膳を見ると、いま神様とともにお膳を囲んでいるのだというイメージがわいてくる。

食事が進むと、こよりのようなくじが一人ひとりに配られた。え!?、祭りでくじ引き?と驚いたが、末松教授によると九州の祭りにはこういったお楽しみ会的な、参加者全員が楽しめる部分があるのだという。

「たとえば太宰府天満宮の鷽替え神事では、各自の鷽の底に記号が記されていて、当選すると金の鷽がもらえるのですよ」。見事当たりを引き当てた人には立派な翁面の置物や神盃が手渡される。一番座で翁面を引き当てたのは、広島からやってきた男の子だ。なんでも、宗像三女神の一柱である市杵島姫神が厳島神社と同じ神様だという縁で今回参加したのだそう。

一回の御座が三十分程度。入れ替えも含めて四十五分ほどかかり、次の座に移る。一回に参加できるのは五十番まで、つまり五十人だ。例年は五番座か六番座まで繰り返すが、片脇のみなさんはそのあいだ進行役、盛り付け、配膳から給仕まで忙しく立ち回る。椅子ではなく正座の高さだから、給仕する方もずっと中腰だ。しかも六回繰り返すのにゆうに四時間はかかる。これは思った以上の重労働。当番から「きつかー」という声がポソリと聞こえてきたがもっともだ。

私は参加者が落ち着いた五番座に加わった。ごはんには御神田で作った藁のワラスボ（葉先の

ほう）を立て、田楽には九年母と縁起物のノシアワビがのる。ゲバサモはシャキシャキッとした歯触りに、味噌がよく合い、佃煮感覚でごはんとも好相性。煮付けはやっぱりなじみの味だ。私が普段作る煮物と似ているなぁとちょっと驚く。自分のルーツは毎日の食の思わぬところに根付いているものだ。

座にはあらかじめパックの弁当箱も用意され、箸をつけた残りは、弁当箱に詰めて持ち帰る習わしだ。家族にも福をおすそわけするためだろうか。

最後の六番座は、無事に祭りを終えた片脇のみなさんの慰労の場だ。役目を果たし、ホッとした表情でくつろいでいる。片脇代表の村山政裕さんは準備から本番の様子までを撮影し、資料を作って次に備えていた。この先当番が回ってくるのは八年後。その日のために盛り付け方や配膳の課題までわかりやすく共有されている様子に、現代らしい工夫を感じた。

直会は本来、祭りに奉仕した氏子たちが参加するもの。こんなふうに誰でも受付で料金（御座料）を納めれば参加できるというのは珍しい。でも、この先祭りはどこに向かうのだろうと考えてしまった。生産者にとって、作物が実らなかったり不漁だったりしたら、生活に直結する問題であることは今も昔も変わらない。一方で、生産に直接関わらない仕事をしている人も増え、食物は買えばいいものという感覚も当たり前になってきた。祭りの意義自体が薄れていけば、祭りに伴う負担ばかりが重く感じられるようになるのは想像に難くない。今回も片脇の方々は十一月から打ち合わせを始め、材料の調達、菰作り、祭り前日から調理、当日は受付、御座の進行、料理の盛り付け、配膳、片付けまでを担っている。その金銭的な負担や時間的な負担はどれほどのものだろう。

こうして神事を見学するたびに、私のようによそからふらっとやってきた見学者が「文化だから残してほしい」と気軽に考えるのは無責任なのかもしれないと思う。でも田島区長（二〇一八年度自治会長）の森岡徳美さんは言う。

「田島はいま百十九戸ありますが、今年調べてみたら七十歳以上が四二パーセント、二十歳未満の人が七パーセントで高齢化が進んでいます。古式祭の準備はいま、昔から住んでる人とよそから移り住んできた人と一緒になってやっています。一時期は自分たちの伝統だからよそから来た人はちょっと……という風潮もありましたが、そんなことを言っていたら伝統が守れません。協力してやっていかなければ。一番座で使う菰は、これまで得意な方に作ってもらっていましたが、それでは先々作れなくなるかもしれないので、今年から講習会を開き、教えてもらいながら自分たちで作るようにしました」

伝統の担い手であるみなさんも、試行錯誤しながら受け継ぐ術を模索しているのだ。

古式ゆかしき江口の霜月祭
——直会で雑煮をいただく

「ゲバサモを届ける江口地区でも、これから地区で祭りをやるそうですよ。行ってみませんか？」。末松教授からお誘いを受けた私は、ありがたく同行させてもらうことにした。江口の公民館では十一時から「霜月祭」という名前で祭りがおこなわれていた。修祓、幣引、供物、くじ引きの流れは古式祭と同じだが、違うことが一つ。なんと直会の料理として雑煮が登場したのだ。

雑煮といえば正月には欠かせない儀礼食だ。いまでは年中行事の行事食を献立に取り入れる家庭も少なくなっているが、大晦日の年越しそば、正月のおせちと雑煮はまだまだ健在なのではないだろうか。

正月の雑煮とおせちについて少し説明しよう。実は雑煮を食べることも「直会」だということはご存じだろうか。正月とは各家庭に歳神様を迎えるための家庭のお祭りで、正月祭ともいう。年末に門松をたてるのは神様が宿る「依り代」として。神様が家々にいらっしゃるときに目印になるともいわれる。鏡餅は神様にお供えするもので、本来は歳神棚を作って供えた。ここでお供えした餅のお下がりを家族でいただくのが雑煮だった。いわば家庭での直会の形だ。おせちも同じ。かつて日が暮れたときから一日が始まると考えられ、大晦日の晩から年取り膳や年取り魚を食べる風習があった。面白いことに、年取り魚に使われる魚も地域によって違う。年取り膳として神様に供え、ともにいただくのがおせちだった。さらにハレの食卓で使う祝い箸の両端が細くなっているのは、片方が神様、片方は人間が使うという意味だった。このように私たちの生活のなかにも、神人共食は息づいている。

雑煮の地域性は、日本全国の食の多様性を知るうえで最もわかりやすい例なのか、近年では毎年ネットニュースをにぎわせるトピックになっている。日本各地を見渡すと、雑煮にも驚くほど多様なバリエーションがある。まず、餅は丸餅なのか、角餅なのか。これは大きく分けると西日本が丸餅、東日本が角餅というのが定説だが、地方が違っても飛び地あり、例外ありで面白い。伝承料理研究家の奥村彪生氏の分類によると、丸餅は雑煮発祥の地である京都を中心とした西日本に多く、一方、角餅は江戸で誕生し、東日本に広まったという。角餅とは、のし餅を切ったもの。武士の町である江戸では「のし餅」という名前が「敵をのす」を連想させたので角餅が好まれたとか、長屋暮らしで餅が搗けない人が多く賃づき餅屋が一気にのしたことから角餅が広まったという説がある。

ダシは大別すると昆布、カツオ、いりこ。変わり種では干しエビ、穴子、焼きハゼなどという具合に細かに地域性があるらしい。汁はどうだろう。すまし汁なのか味噌仕立てなのか。味噌仕立てにも赤味噌を使うものと白味噌を使うものがあり、もちろん見た目も味も違う。変わったところでは、出雲の雑煮は小豆汁に餅を入れる。他地域出身者は、それってぜんざいじゃないのか?、と思いそうだが、薄めの塩味でぜんざいとはまた別物だ。さらには、餅が入っていない「餅なし雑煮」まである。ここまでいくと、鏡餅のお下がりをいただくのが雑煮だという大前提さえくずれてしまう。そもそも雑煮は各家庭で食べられるものだから、自分の家や親戚の家のもの以外を口にする機会はなかなかない。だからこそ人々の関心を引くのだろうか。はてさて、みなさんの故郷の雑煮はどんな雑煮だろう。

私がこれまで食べた雑煮のなかでダントツに変わっていたのは、取材で食べた香川県の「白味噌あん餅雑煮」だ。瀬戸内海に浮かぶ伊吹島は良質ないりこの産地なので、ダシはたっぷりのいりこでとる。味付けはこっくりした白味噌で。ポタージュスープのような白いつゆのなかに、白いお餅と赤い金時人参が浮かぶ。金時人参は坂出市の特産品だから使われるようになったのだという。見た目にもとても華やか、おめでたい紅白の色合いで縁起を担いだらしい。お椀からはいりこだしのいい香りが漂うのに、食べると舌がビックリする。なぜって、餅のなかからとろーり甘いあんこがとろけだすからだ。頭では「魚の風味とあんこの味が合うわけがない!」と拒否するのだが、意外や意外。これが不思議なくらいマッチする。

ちなみに便宜上「香川県の」と書いたけれど、話はそう簡単ではない。食文化は都道府県ができるはるか前から長い時間をかけて醸成されたものなので、県というよりも藩レベルで違うものもあり、なかには集落レベルで独自に受け継がれるものもある。そのためか、香川県のなかにも多様な雑煮がある。私が食べたのは香川県高松市の桃太郎茶屋で観光客向けに提供されているものだったが、少し離れたエリアでは、あん餅入りの雑煮は食べないらしい。

私の実家の雑煮は二種類ある。というのも、父が福岡県出身、母が鹿児島県出身だからだ。母方の鹿児島の雑煮は丸餅を煮て作る。薩摩雑煮は焼きエビでだしをとるというのが有名だが、わが家は霧島に近い大隅半島北部エリアなので、焼きエビは使わない。どんこ（干しシイタケ）の戻し汁でかしわ（鶏肉）を煮てダシをとり、薄口しょうゆで味付けしてすまし汁風に。その汁で餅を煮る。最後にそぎ切りした鶏肉、青菜やかまぼこと一緒に「おやし」と呼ばれる豆もやしを飾るのも特徴だ。

一方、父方の雑煮は博多雑煮だった。あご（飛魚）のダシに少しだけ塩味をつけ、サッとあぶったブリを入れ、ちょっと煮てから、焼いた餅と一緒に椀に盛り付ける。餅のうえにカツオ菜と柚子の皮を刻んだものをあしらえばできあがりだ。といっても、鹿児島ではカツオ菜が手に入らなかったので、家ではもっぱら家庭菜園で育てたフダン草や小松菜で代用していた。

なぜ二種類作るのかというと、ここが食文化の面白さだ。焼き餅のブリ雑煮に慣れ親しんだ父にとっては母が作る「餅がくたくたに煮込まれた」雑煮がどうにも受け入れがたかったらしい。元旦に母の雑煮を食べた翌日には、めったに料理などしない父がそそくさと台所に立って雑煮を作っていた。うれしそうにブリを焼く後ろ姿をよく覚えている。やっぱり誰しもここぞというハレの日の料理には「これじゃなくちゃ」という味があるものなんだろう。出身地が違う者同士が結婚すれば、その家の雑煮は二種類になることもあれば、両方をうまいことブレンドした折衷雑煮が誕生することもあ

る。誰が呼んだか「ハイブリッド雑煮」なる言葉もあるくらいだ。

こんな思い出があったからだろう。霜月祭で運ばれてきた雑煮を見て、私は思わずにんまりしてしまった。具は塩ブリではなくかしわ（鶏肉）で、ダシも鶏ダシ、搗いたばかりのやわらかい餅がおいしい。鶏なので、博多雑煮とは違うが、一点だけ福岡らしさを感じる点が。博多雑煮の代名詞ともいうべきカツオ菜が鎮座しているではないか。カツオ菜はシャカシャカとした独特の食感があり、小松菜ともほうれん草とも少し違う。それにしても直会で雑煮をいただくのは初めてだ。なぜ雑煮なのだろうか。

「いつから雑煮になったかはわかりませんが、ごはんにもなるし、酒のつまみにもなるから、雑煮になったんじゃないでしょうか」と地元の古老が教えてくれた。

古式祭も霜月祭も収穫感謝の祭りであり、延命招福の集いとされる。今年も無事に作物を収穫できたことを神様に報告し、感謝しながらともにいただく。来年もまた作物が実り、安寧でありますように——。そういった切実な祈りが暮らしに根付いた祭りなのだ。食べることは人生の営みの源であり、食によって日々が紡がれ、命がつながっていく。楽しい宴に残る古式ゆかしき直会の形から、食の原点ともいうべき祈りが伝わってきた。

神事のあと、かつて江口浜と呼ばれたさつき海岸にも足を運んでみた。砂浜にはたくさんの海藻が打ち上げられている。砂浜の向こうには美しい海。少し曇った空を映して銀色とも錆色ともつかないさざ波をたてる海の先に、中津宮がある大島が見える。神宿る島・沖ノ島はそのまたずっと先だ。この海が育む海藻の力を人は信じた。かなたには古代から連綿と続く祈りの道が広がる。

古式祭

開催日時：12月15日に近い日曜日、午前6時斎行
開催場所：宗像大社（1人1,000円で誰でも参加可）
住所：811-3505 福岡県宗像市田島2331
電話番号：0940-62-1311（代）

第10章

田の神様のごちそう膳

奥能登のあえのこと（石川県鳳珠郡能登町）

いつのことだったか、能登半島の突端にある珠洲市を訪ねたことがある。日本海に突き出すように位置する鉢ヶ崎海岸に立ったとき、目の前に広がる景色のまばゆさに言葉を失った。白い砂浜の向こうには、遠くまで続く日本海。澄みきった水の色はそれまで見たこともないようなターコイズブルー。外海だから、海の向こうにあるのは空だけだ。あまりにきれいで、日本にもこんな海があるんだとしばらくポカンとしたあとに、ふと足元に目を落とすと、流木に交じって何かが転がっている。これは……岩笛じゃないか。

岩笛とは硬い石の一部に穴が貫通しているもので、日本最古の楽器だったとか、縄文時代にシャーマンが奏でたとか伝わる。海流にもまれるうちに貝殻にえぐられて石に穴があくらしい。古神道では音色に音霊《おとだま》が宿ると考えられ、まじないに使われたと聞く。「岩笛はめったに見つからない幻の楽器で、見つかったら幸運が手に入る」。そんな話を聞いたことがあっただけに、「うわー！」と声をあげ拾い集めた。

石川県・能登半島はいまも豊かな自然と里山風景が残り、〝能登の里山里海〟として世界農業遺産にも認定された地だ。そして十二月五日は奥能登一円で古くからおこなわれる農耕神事あえのことの日。念願かないあえのことを見学するために、私はふたたびあのターコイズブルーを目にした奥能登に向かっている。

その日は傘を差しても役に立たないくらいの土砂降りだった。奥能登へは金沢駅前から特急バスに乗り込み、二時間ちょっとのバス旅になる。能登を訪れるのは今回が三度目だ。一度は岩笛を見つけたときに観光で白米の千枚田から珠洲市へ。もう一度は取材で穴水町や能登島を訪れた。珠洲の海、棚田に沈む夕陽……。金沢を発ったバスに揺られ、かつて見た能登の風景を思い出しているうちに、車窓には日本海が広がった。

しばらくすると千里浜に差しかかる。千里浜には日本でも唯一、砂浜を車で走れる「千里浜なぎさドライブウェイ」がある。夏に訪れたときは車で砂浜を走ったこともあったっけ。通常タイヤのまま、車道を走る延長で海岸に出る。目の前はまっすぐ続く砂、すぐ隣は海だ。スピードを上げ車が走りだすと、窓から潮風が吹き込む。その心地よさといったら。気分は音楽プロモーションビデオか、はたまた海外の映画のワンシーンか。一同歓声を上げながら海岸を疾走したあと、タイヤは砂まみれで無残な姿だったが、そんなことなど気にならないくらいに気分は最高だった。

「ああ、あの千里浜だ」と懐かしく海を見やると、そこにはふたたび映画のような風景が広がっていた。水平線は曇天を映して銀色に光り、陽光が当たった海面はエメラルド色に輝く。その表面に不穏な波を立てて海が荒れている。強烈な色合いから目を離せない。美しさというものは、度を過ぎると禍々しく感じられ、凶事の到来を思わせる。この海を見た昔の人が、何か恐ろしいことが起こるのではないか、海の向こうから超越的な存在がやってくるのではないかと畏れても不思議ではないな……と想像した。冬らしいその風景は、これから訪れる奥能登の厳しい自然に思いを馳せるに十分だ。

能登半島で江戸時代から受け継がれるあえのこと神事は、神社ではなく能登町や輪島市などの能登の農家で昔からおこなわれてきた農耕神事だ。一九七六年（昭和五十一年）に国の重要無形民俗文化財に指定され、二〇〇九年（平成二十一年）には「奥能登のあえのこと」の名でユネスコ無形文化遺産に登録された。

やり方は家によってさまざまだが、共通するのは稲刈りを終えた冬に、田の神様を家にお迎えして、お風呂やごちそうで歓待するというもの。田の神様への感謝を表すことで来年の豊作を祈るのだ。この日、家の主は正装して田の神様を迎え、目には見えない神様があたかもそこにいらっしゃるように振る舞い話しかける。その様子は一人芝居やパントマイムを見ているかのようだ。

田の神様は稲の生育を見守る田んぼの守り神である。米作りが終わった冬になると、各家に迎えられて、種籾を守りながらひと冬を越し、春が近づくとまた田へ送り出される。だから、「あえのこと」は一年に二回おこなわれる。十二月五日は田の神様を家に迎える「迎えのあえのこと」、二月九日は田へ送り出す「送りのあえのこと」だ。

もともと各家庭でおこなわれたものなので、一般に公開されるわけではないのだが、おこなう家も少なくなってきた昨今、伝統を残す意味合いもあって、観光客向けに神事の実演を見せてくれるところもいくつかある。そのひとつが奥能登の柳田植物公園にある合鹿庵だ。ここでは一年を通して「あえのこと神事」の実演をおこない、一般見学を受け入れている。しかも、年二回の「あえのこと」の日には事前に予約すれば一般客も直会に参加することができる。その合鹿庵に私は向かっているというわけなのだ。

柳田は能登半島の先の方の、交通がやや不便な地域にある。

「東京から行くのですが、どうやって行ったらいいでしょう?」と問い合わせると、「じゃあ、柳田天坂のバス停まで車で迎えにいきますよ」と問い合わせに対応してくれたスタッフの山本さんがありがたい申し出をしてくれた。遠方に下宿する娘さんが帰省してくるときは、いつもそうしているという。ご厚意に甘え、天坂のバス停で迎えを待った。ふるさとに戻ってきた娘さんの気分で、キョロキョロ、そわそわしながら。

ちょうど準備にかかっていた山本さんのかわりに、バス停には柳田植物公園の杉本さんが迎えにきてくれた。周辺の見どころを教えてもらいながら合鹿庵を目指す。道すがら「この花、なんだかわかりますか？」と杉本さんがある樹を指さした。「のとキリシマツツジ」と書いてある。これは私の故郷に近い鹿児島の霧島連山に群生するミヤマキリシマと同じものだろうか。霧島に咲く可憐な花をつけた灌木は、小さいときにドライブしたり山登りしたりするときに見た、私にとってもなじみの花だ。尋ねてみるとやはり元は鹿児島のミヤマキリシマで、江戸を経由して能登に根付き、いまでは能登の農家には一家に一本はあるというほど定番の樹木になっているのだとか。鹿児島生まれ、東京在住で今日能登を訪ねている私としては、思わぬところで同郷の士に出会った感だ。

広大な植物公園には屋外ステージ、コテージ、天体観測できる反射望遠鏡まである。ここはきっと夏休みに家族連

れでにぎわうのだろう。その先に茅葺き屋根の古民家が見えてきた。神事の会場になる合鹿庵だ。能登の里山にあった古民家を移して伝統工法で再築した、どっしりと懐かしい佇まいの建物だ。車を降りると土砂降りの雨は霰に変わっている。逃げ込むようになかに入ると土間があり、奥の部屋で囲炉裏の火がパチパチとはぜている。

甘いもの好きな夫婦神、田の神様とは

ここで田の神様について説明しよう。日本にはもともと祖霊信仰という考え方があったが、この祖霊信仰は神話に登場する神様とはまた違う、不思議な概念なのだ。われわれの祖先が亡くなるとその霊はやがて山に登り、小高い山の上からわれわれの暮らしを見守る祖霊神となる。そして春には里に下り、稲を守る田の神となり、収穫が終わるとふたたび山に帰る。正月に家々にやってくる歳神様もこの祖霊神だと考えられる。集落と山と田畑のあいだをふわふわと行き来するイメージだ。こうした祖霊信仰のひとつの形が田の神様であり、奥能登では冬になると田の神様を各家にお迎えした。能登の田の神様は夫婦の神様で、田んぼの泥や稲の葉先で目を傷め、片目が不自由とも伝わる。

床の間には種籾の俵が置かれ、二対のお膳が並べられている。お膳には、海の幸や山の幸を盛り込んだ豪華なごちそうが並んでいる。手前に置かれた大きな木の枝は、どうやら箸らしい。ごはんは山盛り、ブリの刺し身はこれでもかというくらい厚く切られ、甘酒はなみなみと注がれている。甘いものが好きな田の神様のために、おはぎはお重をまるごと使った特大サイズ。こんな巨大なおはぎは初めて見た。箕には野菜や山菜がてんこもり。それに、納豆汁、煮しめ、ブリの

切り身を使ったなます、尾頭付きのハチメ……。これはすごい。全力のごちそうだ。「足りなかったら神様に失礼だから」ということで、おかわりも含めて大量に料理を用意する。

お膳の真ん中にドーンと鎮座するのは大きな大根。一本大根と二股大根があるのは、田の神様が夫婦神であることから男性器と女性器を表しているそうだ。昔の人の想像力はすごい。

料理はすべて輪島塗の食器に盛り付けられている。このあたりでは各家がそろいの輪島塗の器を持っていて、祭りだけでなく他の冠婚葬祭でも貸し借りしながら客膳を用意したらしい。それにしても漆器の美しさは田舎の風景に似ていると思う。派手ではないが、生活のなかからにじみ出る美しさのような、日々を重ねるごとに愛着がわく日常のような、そんな愛しさだ。しみじみと見入っていると、進行役の中正道さん（能登町上町）がいらっしゃった。中さんはキリッとした着物の正装だ。会場には百人を超える観客が集まっている。いよいよ、あえのこと神事の始まりだ。

中さんが二対の燭台のろうそくに火をともすと、場がふっと引き締まる。次に鍬を手に取る。例年ならばまず鍬を持って田んぼに田の神様をお迎えにいき、水口で二拝二拍

手一拝してから田に鍬を入れ、榊に田の神様を宿し、家にお連れする。しかし、この日はあいにくの荒天だ。折しも外では雷鳴が轟き始めた。金沢あたりでは冬の嵐を「ブリ起こし」というが、土地の人は海が荒れ雷が鳴ると「田の神様荒れ」と言う。つまり荒天こそ「あえのこと」にふさわしいわけだが、鍬をふりかぶったところで雷に打たれては危険だ。ということで今回は田んぼへのお迎えは省略されることになり、合鹿庵の外から神事の実演が始まった。

中さんは家の外にすっと手をさしのべるようにして「田の神様、どうぞお入りください」と神様に話しかけた。入っていただくときも丁重にご案内する。田の神様は目が不自由だから、狭いところや段差があるところを通るときは、「段差がございます。足元にお気をつけください」と声をかけ、家のなかへ。まずは囲炉裏端へ案内し、暖をとっていただくように勧め、見えない神様に向かって深々と礼をする。神様が囲炉裏でくつろいでいるあいだに、中さんは土間へ行き、風呂の準備を。蓋を開けると、風呂釜からやわらかな湯気が立ち上る。湯加減はどうだろう。中さんは湯にスッと手を差し入れて湯温を確かめてから、田の神様に風呂を勧める。手ぬぐいをかけた風呂桶の上に榊が置かれると、まるで神様が本当にその場で湯浴みを楽しんでいるよう。しばれる屋外から家に招かれ、あったかい湯でぬくまるひとときはさぞや至福だろう。ここで三十分ほど神様にゆっくりお風呂に入っても

らう。

ハチメ、栗の箸、二股大根、神様のごちそうは縁起物尽くし

温まってもらったあとは、床の間へ。いよいよ神様の食事の時間だ。

「田の神様。今年の夏は干ばつが心配されましたが、平年並みの収穫がありました。これも田の神様のおかげです。ありがとうございました。今年もお膳を用意しました」

そして中さんは一品ずつ料理の説明を始め、深々とお辞儀をした。

「どうぞたっぷりとお召し上がりください」

榊が座布団の上に置かれると、あたかもそこに田の神様がいらっしゃるようだ。山盛りのごちそうに顔をほころばせる神様の姿が目に浮かぶ。

お膳に並ぶ料理にはどれも縁起担ぎの意味が込められている。納豆汁は「粘り強く働く」。尾頭付きに使われるハチメ（メバル）は、口が大きいことから「収穫が増えるように」。箸に栗の木を使うのは「実がなる」が転じて「豊作

になるように」。一本大根と二股大根は「子孫繁栄」。大根はたくわんなどにすれば長期保存ができることから転じたらしい。甘酒の縁起は甘いとかけて「年貢を甘くしてほしい」という願いが込められているというから、面白くも切なくもある。昔は輸送手段が整っていなかったから、お膳に使う食材は地産地消で用意した。当然、野菜は自分の家でとれたもの、山菜や栗の木は近くの山でとったものだった。身近にとれる旬の食材で最大限に縁起を担いだのだろう。

反対に使わないようにする食材もある。たとえば、蒸したり焼いたりした料理は神様へのお供えには用いない。中さんの家に伝わるところによると、「蒸す」は稲作の天敵である「虫」を連想させ、焼いた料理は「田が焼ける」から干ばつを連想させるためだという。お祝い事といえば赤飯が一般的だが、赤飯はもち米を蒸して作るために使わない。または、うるち米に小豆を混ぜた小豆ごはんにする。焼き魚も焼き豆腐も使わないのだそうだ。ここからも収穫を願

う切実な思いが伝わってくる。

神様の食事が終わったあとは、神様を種籾に案内して二拝二拍手一拝し、神事はおしまい。さあ、ここからは人間たちの直会が始まる。

直会とは神様にお供えした供物のお下がりを、祭りの参加者全員でいただき、その力をもらうこと。刺し身が新鮮なうちに直会を始めるのが習わしというから、ここからの食事は人々にとってもお楽しみタイムだったにちがいない。田の神様をお迎えした同じ場所で直会するから、文字どおりの「神人共食」だ。しかも田の神様に用意したものとほぼ同じ料理が食べられるとあって、私もワクワクしながら席に着いた。

ほどなくして納豆汁の食欲を誘う香りがふわぁっと漂ってきた。お膳に並ぶのは食べきれないほどの海の幸山の幸。なかでも目を引くのはやはりぶ厚いブリの刺し身だ。このブリはけさ近くの港で揚がったばかり、つい先ほどまで生きていたピチピチのブリで、しかも七キロ超の大物なのだとか。ここまで厚く切るのは「あえのこと」のときだけというから、今日のごちそうにかける意気込みはかなりのものなのだろう。ほんのり甘い甘酒を食前酒がわりにコックリいただいてから、ブリの刺し身を食べてみた。はちきれんばかりの歯ごたえで、新鮮そのもの。とびっきりの刺し身だ。ハチメは神様用には生のままでお供えするが、人間用は塩焼きで。煮しめにはよく味が染みた大根に、ぜんまいやふき。おはぎもおいしい。勧められるままにおかわりまでして、神様が味わったごはんをおなかいっぱいになるまでいただいた。この苦しいくらいの満腹感がごちそうの証しだったのだ。うー、もう食べられない。

厳しい自然と向き合った土地の人たちの祈り

ところで、神事に先駆けて聞いた中さんの話には考えさせられるものがあった。

「いまでは世間にあえのことという呼び名が定着していますけど、各地域の農家に確認すると、この行事そのものを「田の神様」と呼んでいました。一九六〇年代から七〇年代（昭和三十年代から四十年代頃）に能登半島ブームが起こり、観光客がたくさんやってきた時期がありました。その頃にテレビや新聞にあえのことという言葉がどんどん出るようになりました。でも、私には違和感がありました。おかしいな、これは田の神様なんだけどな、と。現在でも金沢大学の学生が能登町上町地区の調査をしたときも、この地区では約七割が田の神様と呼んでいるという結果が出ています。

「あえのこと」の名称は、数十年以上前に著名な民俗学者が神人共食の意がある「饗《あえ》」の「事（祭り）」と解釈し、さらに郷土史家が追認したことにより、定着したと説明する方もいるそうです。十一月二十三日の新嘗祭と正月のあいだにやるものだから「あいのこと」というとか、夜にやるから「よいのこと」だとか語源についてはいろいろいわれています。いまではここでも、あえのことと田の神様の両方混在するような形で定着してしまいまし

たね。「あえのこと」という名称自体に異論があると聞きますが、私もそう思います。

よくテレビや雑誌で裃姿であえのことをする様子が映されていますが、私が小さい頃はそんな格好じゃなかったけどなぁ？と思いながら見ています。以前、昭和三十年代の記録フィルムを見たことがありますが、肩衣《かたぎぬ》や羽織姿だったと記憶しています。きっと一九七六年（昭和五十一年）に国の重要無形民俗文化財、および二〇〇九年（平成二十一年）にユネスコ無形文化遺産登録申請をしたときに、地主の主人などが裃を着て、それが定着したんじゃないだろうか。私の家では着物に羽織でした。むしろ、テレビで立派なあえのことを見て、自分のうちの簡素な田の神様を恥じて、やめてしまった人もいるというくらいです。本来は各家が甘酒だけとか刺し身だけなどの簡単な形でできるかぎりの祭りをおこなっていたし、むしろ生活が苦しい小作農のほうが切実に祈っていたはずです。

このあたりは豪雪地帯ですから、二月に雪のなかを田んぼまで田の神様を送りにいくというのもあまりやりません。土間にある脱穀用の「かちうす」という臼のところにしばらくいてもらうとか、一カ月遅れで田打ちや苗づくりにかかるときに一緒に田の神様を送るとか、各家にいろんなやり方がありました。迎えも天候が悪ければ、玄関先まで神様が来てくれたとか、戸を開けておけばちゃんと入ってこられるという形でやっていましたね」

中さんが覚える違和感は、普段から雑誌作りに関わる身としては耳が痛い。テレビや雑誌がひとつの例をさも全体像かのように喧伝したがために、土地で受け継がれてきた本来の形がゆがめられてしまったならば、これはゆゆしき事態だ。でも実際に制作現場では、聞こえがいいようにデフォルメしたり、編集方針に沿うように都合よくコメントを変えたりすることは、よくおこなわれることだ。さらにウェブの時代になってからはほかの問題もある。ひとつの記事が出ると、それがまとめサイトなどで大量にコピーされて一気に流布し、それまでの多様な言説を排除した結果、正解が塗り替えられるということまで起きてきている。「最近広まったある常識の初出はどの記事か?」と検証する記事まで出てくるほどだ。年中行事でも、こういうふうにやるんですよという記事が出たばかりに、みんながそれにならって各家に伝わるやり方を変えてしまうこともあるだろう。伝統が変わってしまうという危うさ。あらためて、自分はしっかり聞き取って確認したことを、現地の方の認識と齟齬がないように書き留めなければ、と心に誓った。

少々脱線したが、神事の話に戻ろう。

中さんが小さい頃、あえのことのお膳は正月よりも豪華なごちそうだった。正月は餅だけだが、田の神様の日は刺し身が食べられる。もっと昔は米のごはんを食べる機会も少なかったため、米もおかずもたんと食べられるこの日は特別に楽しみだったという。

「私たちのような小作人は、稲作りが生活そのものでした。地主から土地を借りて小作料を払い、年貢米を役人に納めますから、とにかく不作がないように、お米がとれるようにと神様に一生懸命お祈りした。でも、自然に対して人間の力には限界がありますよね。そこで神頼みをするなかで、畏敬の念を示すために大量の料理を用意し、おかわりまで準備しました」

でも大量の料理を用意するには、実は隠れた別の理由もあったようだ。

「神様へのお供えは一柱分しか用意しない地域もありますが、このあたりでは夫婦二柱分の料理を用意します。夫婦二柱分の料理を用意するという名目で大量に料理を作れば、直会で家族全員が分け合って食べられた。そのための工夫だったんじゃないかなと私は思いますね」

中さんのお父さんは、この日にあわせこっそりと甘酒とともにどぶろくまで仕込んでいたという。どぶろくは明治時代以降、酒税法で自家醸造が禁止されていたから、大人にとっては秘密のお楽しみ。さぞかしとろける美味だったにちがいない。

合鹿庵がある旧柳田村の周辺でも昔は天災や病害虫の大発生で大規模な飢饉が続き、たくさんの人が亡くなったという記録もある。宝暦年間（一七五一―六四年）には能登最大の百姓一揆も起こった。冬季には日本海側の海が荒れてめったに漁に出られなかったため、お膳に使う刺し身やお頭付きの魚は富山湾内でとれるブリやハチメを使うようになったという。行きがけに見た荒れ狂う海も、やはり人々の生活に直結していたのだ。手つかずの自然が残っているということは、その厳しさと絶えず向き合ってきたということだから。

いまやスーパーに行けば手軽に食料が手に入るし、飽食がすぎて低糖質ブームで炭水化物が敬遠されるまでになってしまった。テレビからは「健康のために天ぷらの衣は残しましょう」なんてアドバイスも聞こえてくる。しかし農業はいまでも自然相手の厳しいもので、なおさら昔は米が文字どおり「生きる糧」だった。作物の実りは命に直結する一大事だが、嵐や干ばつといった自然は人間の力ではどうすることもできない。だからこそ、農家の方々はそれぞれ切実に祈ったのだろう。命をつなぐために。

「あえのこと」の神事を通して、受け継がれてきた人々の心を伝えたい。中さんはそう考えて実演を引き受けたのだそうだ。

「あえのこと」は各家でおこなわれる神事だけに、神社での神事よりもおおらかで、神様との距離も近い。なにせ神様はひと冬を家で過ごされるのだから。しかし、中さんはこう言う。

「最近、あえのことで田の神様をおもてなしするという表現がよく使われます。でも、私はもてなすという表現に違和感を覚えています。神様は人間と対等な存在ではないはず。もてなすというのは対等な立場だから使える言葉なんじゃないだろうか」

そう語る中さんの目からは田の神様への強い気持ちが感じられた。そのまなざしの先には、見えない神様が確かにいらっしゃるにちがいない。

あえのこと

開催日時：例年12月5日、2月9日
開催場所：能登町柳田植物公園合鹿庵
一般参加：可。見学無料。直会参加は要予約、有料。料金については要問い合わせ
住所：928-0312 石川県鳳珠郡能登町字上町ロ部1-1
電話番号：0768-76-1680

参考文献一覧

〈**書籍**〉

倉野憲司校注『古事記』(岩波文庫)、岩波書店、一九六三年
岩井宏實／日和祐樹『神饌——神と人との饗宴』(ものと人間の文化史)、法政大学出版局、二〇〇七年
吉野亨『特殊神饌についての研究』武蔵野書院、二〇一五年
南里空海『神饌——神様の食事から〝食の原点〟を見つめる』世界文化社、二〇一一年
野本暉房／倉橋みどり『神饌——供えるこころ：奈良大和路の祭りと人』淡交社、二〇一八年
奥村彪生『日本めん食文化の一三〇〇年 増補版』農山漁村文化協会、二〇一四年
新谷尚紀監修『神社に秘められた日本史の謎』(歴史新書)、洋泉社、二〇一五年
阿部健『どぶろくと女——日本女性飲酒考』酒文化研究所、二〇〇九年
沼部春友／茂木貞純編著『新神社祭式行事作法教本』戎光祥出版、二〇一一年
久保田裕道『目からウロコの日本の神様——『古事記』から台所の神さままで』ＰＨＰエディターズ・グループ、二〇〇二年
神社本庁監修『神社のいろは——神社検定公式テキスト1』扶桑社、二〇一二年
平藤喜久子『日本の神様と楽しく生きる——日々ご利益とともに』東邦出版、二〇一六年
吉野裕子『天皇の祭り——大嘗祭＝天皇即位式の構造』(講談社学術文庫)、講談社、二〇〇〇年
杉岡幸徳『日本トンデモ祭——珍祭・奇祭きてれつガイド』美術出版社、二〇〇五年
照本亶編『神饌の作り方』帝国神祇学会、一九三二年
守安正『お菓子の歴史 増訂新版』白水社、一九六五年
西川照子構成『陰陽の世界』(別冊太陽：日本のこころ)、平凡社、二〇〇三年
阪本是丸／石井研士編『プレステップ神道学』(Pre-step)、弘文堂、二〇一一年
岡田莊司編『日本神道史』吉川弘文館、二〇一〇年

〈雑誌〉

スワニミズム編「スワニミズム――史学・信仰思想・芸能・考古学・民俗学」第三号、スワニミズム、二〇一七年

スワニミズム編「Suwazine――知らない諏訪に、出会おう」第三号、宮坂醸造、二〇一八年

藤木保誠「特殊神饌入門 賀茂別雷神社――「賀茂祭」の神饌のすべて 敬虔な信仰儀式と食文化を伝える勅祭での神饌の全容に迫る」、「特集 神様・仏様の詣で方・祈り方」「歴史読本」第五十四巻第二号、新人物往来社、二〇〇九年

〈論文など〉

國學院大學研究開発推進機構伝統文化リサーチセンター『まつりのそなえ――御食たてまつるもの』國學院大學研究開発推進機構伝統文化リサーチセンター、二〇〇九年

國學院大學研究開発推進機構学術資料センター（神道資料館部門）編『資料で見る大嘗祭』國學院大學研究開発推進機構学術資料センター、二〇一八年

岩井浩實「海里山の神饌――第二回「東海地方の海里山の食文化研究」シンポジウム」「愛知大学綜合郷土研究所紀要」第五十九輯、愛知大学綜合郷土研究所、二〇一四年

國學院大學研究開発推進機構伝統文化リサーチセンター「神社祭礼に見るモノと心」グループ『神饌：文部科学省オープン・リサーチ・センター整備事業「モノと心に学ぶ伝統の知恵と実践」』（神々を彩るモノシリーズ2）、國學院大學研究開発推進機構伝統文化リサーチセンター、二〇〇九年

太田泰弘「唐菓子の系譜――日本の菓子と中国の菓子」、虎屋虎屋文庫編「特集 唐菓子」「和菓子」第十二号、虎屋、二〇〇五年

嵯峨井建「神饌としての唐菓子――下鴨神社を中心に」、虎屋虎屋文庫編「特集 唐菓子」「和菓子」第十二号、虎屋、二〇〇五年

神崎宣武「神饌考② 熟饌」、味の素食の文化センター編「VESTA――食文化を考える」第六号、味の素食の文化センター、一九九一年

佐原眞「藻塩と塩田――食からみた日本史 古代の食（6）」、味の素食の文化センター編「VESTA――食文化を考える」第六号、味の素食の文化センター、一九九一年

齋藤ミチ子／野村みつる「神饌の地域的特徴――御座石神社を中心に」「國學院大學日本文化研究所紀要」第八十

輯、国學院大學日本文化研究所、一九九七年
岩井宏實「公開学術講演『食とこころ――食文化にともなう精神性を探る』（1）神饌からみた日本の食文化」「國學院大學日本文化研究所紀要」第八十六輯、国學院大學日本文化研究所、二〇〇〇年
西牟田崇生「明治8年の式部寮「神社祭式」の制定と神饌の取り扱い」「儀礼文化」第二十四号、儀礼文化学会、一九九八年
佐々木清文「東北の古い製鉄」「まてりあ――日本金属学会会報」一九九五年十月号、日本金属学会
志水陽子「吉備津神社七十五膳据神事」「國學院大學日本文化研究所紀要」第八十七輯、国學院大學日本文化研究所、二〇〇一年
真木一平「七十五膳神饌献供式――中・四国路を視座に据えて 上」、芸能学会編「芸能」一九八三年二月号、芸能発行所
真木一平「七十五膳神饌献供式――中・四国路を視座に据えて 下」、芸能学会編「芸能」一九八三年三月号、芸能発行所
木村光子／濱田仁「民俗藻類学の旅――宗像大社の古式祭とアカモク」、日本藻類学会編「藻類」第五十七巻第一号、日本藻類学会、二〇〇九年

〈冊子〉

千葉県伝統文化伝承事業実行委員会編、DVD『茂名の歳時記　里芋祭り』千葉県伝統文化伝承事業実行委員会、二〇〇六年
北白川天神宮社殿修復奉賛会編「北白川天神宮御造営記念誌」北白川天神宮社殿修復奉賛会、一九八八年
上町公民館「あえのこと」編集委員会編「「あえのこと」の事例――柳田植物公園・合鹿庵での実演を中心に」能登町上町公民館／能登町、二〇一四年
「第二章「宗像市の維持向上すべき歴史的風致」」「宗像市歴史的風致維持向上計画」宗像市、二〇一七年
『平成30年度宗像大社古式祭写真集』当番（片脇班）作成

〈ウェブサイト〉

「貴船神社」（http://kifunejinja.jp/）［二〇一八年一月三十一日アクセス］

「世界の塩・日本の塩」「たばこと塩の博物館」（https://www.jti.co.jp/Culture/museum/collection/salt/index.html）［二〇一八年八月三日アクセス］

「海の自然のなるほど――海から生まれた生命」「日本海事広報協会」（https://www.kaijipr.or.jp/mamejiten/shizen/shizen_3.html）［二〇一八年八月三日アクセス］

WEB版『新纂浄土宗大辞典』（http://jodoshuzensho.jp/daijiten/index.php/%E3%83%A1%E3%82%A4%E3%83%B3%E3%83%9A%E3%83%BC%E3%82%B8）［二〇一九年一月二十三日アクセス］

あとがき

　受け継ぐ方々の想いをちゃんと伝えたい。それが本書を書くうえでの一つのテーマでした。神饌を取り上げた研究や本はこれまでにもたくさんありました。神饌がどんなものか、内容や史実については古い史料や研究論文をたどれば詳細にわかるかもしれません。でも、信仰は人の心のなかに息づくもの。受け継ぐ人たちは何を想い、どう変化しながら、伝統を守り続けているのか。それをしっかり聞き取って、伝えたいと思いました。

　二〇一九年冬、本書の最終校正作業にかかるにあたり、取材でお世話になった方々にひさしぶりにご連絡をとりました。そのなかで、エトエトで神饌作りを指導していらっしゃった老杉神社の山元義清宮司がこの夏、急逝されたことを知りました。突然のことにとても驚くとともに、山元宮司の言葉がよみがえりました。これから先、エトエトの神饌作りの継承がどうなるのか、いまはまだわからないそうです。あの日、山元宮司の継承にかける強い想いを聞かせていただいたこと自体がとても貴重なことだったのだと知りました。

　本書に収めた神饌には、いずれも守り続ける人の想いがあります。受け継いできた理由があります。本書を通じて読者のみなさんにもそれを伝えることができたらうれしく思います。
最後に、本来は公開されていない神事や神饌作りの取材を快く承諾してくださったみなさま、たくさんのことを教えてくださった土地の方々、そして前著『日本まじない食図鑑――お守りを食べ、縁起を味わう』に続き、本書を世に送り出してくれた青弓社の矢野未知生さんに、心からお礼を申し上げます。

二〇一九年十二月

吉野りり花

［著者略歴］

吉野りり花（よしの りりか）

旅ライター・旅エッセイスト
鹿児島県生まれ
早稲田大学第一文学部（日本文学専修）卒業後、出版社勤務を経て、フリーランスライターに。食の民俗学をテーマに日本各地で取材を続け、日本の旅、郷土食・食文化、祭りや民俗についてのエッセーやコラムを執筆する。著書に『日本まじない食図鑑――お守りを食べ、縁起を味わう』（青弓社）。ほか、雑誌や会員誌で旅の文章を連載中

ニッポン神様《かみさま》ごはん
全国の神饌と信仰を訪ねて

発行 ――― 2019年12月27日　第1刷

定価 ――― 2000円＋税

著者 ――― 吉野りり花

発行者 ――― 矢野恵二

発行所 ――― 株式会社青弓社

〒162-0801 東京都新宿区山吹町337
電話 03-3268-0381（代）
http://www.seikyusha.co.jp

印刷所 ――― 三松堂

製本所 ――― 三松堂

ISBN978-4-7872-2086-8　C0026

吉野りり花

日本まじない食図鑑

お守りを食べ、縁起を味わう

季節の節目の行事食や地域の祭りの儀礼食、五穀豊穣などを願う縁起食など、願いを託して食べられるものを〈まじない食〉と定義して、日本全国に息づく「食べるお守り」とその背景にある民俗・風習、それを支える人々の思いをカラー写真とともに紹介する。　**定価2000円＋税**

弟子吉治郎

日本まんじゅう紀行

福島の薄皮まんじゅう、長野の酒まんじゅう、四日市のなが餅、草津の温泉まんじゅう、奈良のよもぎ餅に京都のあぶり餅、東京の黄金芋、北海道の羊羹……。まんじゅう屋に生まれた著者が、湯気が出そうなまんじゅうの写真と店舗の情報を紹介しながら食べ歩く。　**定価1800円＋税**

魚柄仁之助

刺し身とジンギスカン

捏造と熱望の日本食

「食の鑑識家」が、刺し身とジンギスカン、とろみ中華風料理の起源と移り変わりを戦前・戦後の女性雑誌や料理本に載っているレシピどおりに実作して検証し、流通している俗説を覆す物的証拠を提示する。「刺し身は古来からの和食」神話を暴く痛快食エッセー。　**定価1800円＋税**

青柳健二

犬像をたずね歩く

あんな犬、こんな犬32話

人を助けた犬、学校犬、奇跡の犬、伝説の犬、信仰の犬……。像になった犬は、飼い主や地域の人々との信頼関係と親密な時の経過を全身で表現し、なかには伝承から畏れを感じさせる像もある。人々の思いと物語が結晶した約100体をカラー写真210点で紹介する。　**定価1800円＋税**

八岩まどか

猫神さま日和

福を呼ぶ招き猫、養蚕の守り神、祟り伝説の化け猫、葬儀で棺桶を奪う猫、恩返しをする猫、暮らしや安全を守る猫、貴女・遊女との関わり、踊り好きな猫……。各地の猫神様を訪ね、由来や逸話、地域の人々の熱い信仰心を通して、猫の霊力を生き生きと伝える。　**定価1800円＋税**